环境审计

理论、方法与应用

黄溶冰 ◎ 著

中国财经出版传媒集团

经济科学出版社

Economic Science Press

图书在版编目（CIP）数据

环境审计：理论、方法与应用／黄溶冰著 . ——北
京：经济科学出版社，2023.2
ISBN 978 - 7 - 5218 - 4529 - 7

Ⅰ.①环…　Ⅱ.①黄…　Ⅲ.①环境管理－审计　Ⅳ.
①F239.6

中国国家版本馆 CIP 数据核字（2023）第 029712 号

责任编辑：凌　　敏
责任校对：郑淑艳
责任印制：张佳裕

环境审计：理论、方法与应用

黄溶冰　著
经济科学出版社出版、发行　新华书店经销
社址：北京市海淀区阜成路甲 28 号　邮编：100142
教材分社电话：010 - 88191343　发行部电话：010 - 88191522
网址：www. esp. com. cn
电子邮箱：lingmin@ esp. com. cn
天猫网店：经济科学出版社旗舰店
网址：http：//jjkxcbs. tmall. com
北京密兴印刷有限公司印装
710 × 1000　16 开　14.5 印张　210000 字
2023 年 2 月第 1 版　2023 年 2 月第 1 次印刷
ISBN 978 - 7 - 5218 - 4529 - 7　定价：78.00 元
（图书出现印装问题，本社负责调换。电话：010 - 88191510）
（版权所有　侵权必究　打击盗版　举报热线：010 - 88191661
QQ：2242791300　营销中心电话：010 - 88191537
电子邮箱：dbts@ esp. com. cn）

前　　言

改革开放以来，我国经济发展取得了举世瞩目的巨大成就，但也付出了严重的资源环境代价，广大人民群众对生态环境问题反映十分强烈。党的十八届三中全会决议明确提出要大力推进生态文明建设，2020 年 9 月我国明确提出 2030 年"碳达峰"与 2060 年"碳中和"目标。面对资源约束趋紧、减排形势严峻的现状，必须树立尊重自然、顺应自然、保护自然的生态文明理念，把生态文明建设放在突出地位，融入经济建设、政治建设、文化建设、社会建设各方面和全过程；构建科学合理的生态安全格局。

《环境审计：理论、方法与应用》一书，探讨了环境审计作为一项环境治理工具，在绿色发展中的治理机制、评价方法、实践应用与制度设计。本书的主要内容和观点如下：

理论层面：(1) 党的领导是我国环境治理体系的基本特征。我国环境治理体系是在党的领导下管理生态环境的体制机制及法律法规安排，在美丽中国和生态文明建设背景下，环境审计亦被赋予时代的内涵。环境审计理论是国家审计应用理论的重要组成部分，宗旨是研究如何以落实节约资源和保护环境基本国策为目标，着力构建符合我国国情的资源环境审计模式，维护国家环境安全，发挥审计监督在推动生态文明和美丽中国建设中的积极作用。(2) 环境审计在推动绿色发展中的作用机制是作用于刺激-反应模型，促进主体主动履行减排责任的适应性和学习行为，生成绿色发展的新规则，并递延遗传。(3) 环境审计在绿色发展中的作用路径包括：通过环境政策审计，不断健全完善环境保护监督与激励合约；通过绿色经济责任审计，促进党政领导干部转变观念主动关注地区环境质量改善；通过环保资金绩效审计，促进政府提供优质环境保护公共产品；通过环境合规性审计，促进企业环境保护的社会责任遵从。(4) 环境审计的本质是维护国家环境安全的制度安排，落实可持续发展战略的保障措施，实现绿色发展的治理工具。

方法层面：(1) 改进逻辑框架法在环境审计中的应用具有可行性。应用改进逻辑框架法，有助于科学界定审计目标，合理选择审计内容，针对性地提出问题，进而分析问题和解决问题，逻辑框架贯穿于环境绩效审计全过程之中。(2) 变权理论是一种创新的权重分配方法。基于变权理论的绿色发展审计评价模型有助于实现对经济发展、经济管理、节能减排、廉政自律各因素和各分项责任之间的"和谐"因子给予激励，对"不和谐"因子给予惩罚，以使权重能够更好地体现相应因素在决策中的作用。(3) 挣值分析法在综合分析成本和进度两个维度的基础上，实现对绿色发展项目的经济性审计评价。DEA-Tobit 模型按照增加"理想"输出，减少"理想"输入，以及减少"不理想"输出，增加"不理想"输入的原则，实现对绿色发展项目多投入、多产出的效率性审计评价。问卷调查法从环境公共产品的用户——社会公众的角度考察其预期目标的实现程度，用于对绿色发展项目的效果性审计评价。

应用层面：(1) 基于国别数据提供的经验证据表明，一个国家是否选择环境审计制度，受到该国经济发展水平、环境保护投资、社会信息化程度的影响。符合性检验的结果表明，我国开展环境审计的条件和时机已经成熟。(2) 基于审计结果公告内容分析的证据表明，环境保护公共财政支出中的成绩与问题并存。尤其是合规性和效果性方面，仍存在不少问题，环境公共财政需要在规范支出的前提下，不断提高资金的使用效果。(3) 基于环境审计典型案例的分析表明，国内外环境审计良好实践都属于综合绩效审计的范畴。与国外的环境审计注重以政策评估（包括政策制定和政策执行）为切入点不同，我国的环境审计关注环境保护的整体责任链，这主要是由于中外国家审计的审计体制和审计职能上的差异导致的。(4) 为进一步加强环境审计的制度建设，需要完善环境审计依据、健全环境审计准则、重视环境审计问责、建立多元化合作机制、构建一体化工作格局、注重利用专家工作、加快人才队伍建设。

本书是在国家社会科学基金一般项目《我国节能减排的环境审计规制研究（11BGL062)》、国家社会科学基金重点项目《企业漂绿的模仿－扩散效应与治理机制研究（17AGL019)》的资助下完成的。在书稿即将付梓之际，笔者对国家社会科学基金评审专家的鼓励和支持致以衷心的感谢，对参考和借鉴的国内外文献作者表示诚挚的谢意。本书能够面世，还得益于经济科学出版社凌敏编辑在出版过程中作出的艰苦细致的编辑工作。在此一并表示感谢。

本书虽然几易其稿，但是由于环境治理问题是一个世界性难题，是一个复杂的系统工程，而环境审计仅仅是环境治理工具箱中的工具之一，本书的观点和内容难免会存在某些瑕疵和不成熟之处。随着后续研究的不断深入，笔者期待能够深化对我国环境审计理论与实务工作的认识，努力修正本书的缺陷和不足。在此，敬请专家和同仁不吝赐教。

目　录

上篇　理论篇

中篇 方法篇

下篇　应用篇

上篇
理论篇

| 第1章 |

绪　　论

1.1　研究背景

我国 40 多年的改革开放取得了举世瞩目的成绩。目前，我国是世界第二大经济体、世界第一大出口国，但骄人经济业绩的背后，面临的资源环境问题亦十分突出。以"三废"为例，《2020 年中国生态环境统计年报》的统计数据显示，全国废水中化学需氧量排放量为 2 564.8 万吨，氨氮排放量为 98.4 万吨；全国废气中二氧化硫排放量为 318.2 万吨，氮氧化物排放量为 1 019.7 万吨，颗粒物排放量为 611.4 万吨，挥发性有机物排放量为 610.2 万吨；全国一般工业固体废物产生量为 36.8 亿吨，工业危险废物产生量为 7 281.8 万吨。[①] 总体而言，全国生态环境功能不断改善，但形势不容乐观。我国环境问题的特点是污染物排放体量大，且不同地区之间的差异较大，污染防治攻坚战的任务艰巨，需要加大环境污染严重、生态环境敏感地区的治理力度。同时，我国污染物与二氧化碳排放呈现显著同根同源性，面临协同推进生态环境根本好转和碳达峰碳中和的战略任务，应该加强环境治理协同，统筹水、气、土、固废和温室气体等

[①]　生态环境部. 2020 年中国生态环境统计年报 [EB/OL]. https：//www.mee.gov.cn/hjzl/sthjzk/sthjtjnb/202202/t20220218_969391.shtml，2022 – 02 – 08.

多领域减排要求。

严重环境污染降低了整体社会福利，导致的经济损失约占我国 GDP 的 8% ~15%（冉冉，2013）。就我国的环境问题而言，过分迷信"库兹涅茨曲线"拐点，依靠经济增长达到较高程度后自然而然地解决环境问题是不现实的（蔡昉等，2008），继续坚持传统发展模式很容易导致环境承载力趋于崩溃（史丹和李鹏，2019），造成不可估量的损失。21 世纪的上半叶，既是我国经济发展的重要战略机遇期，也是我国走经济、社会、资源、环境协调发展，逐步提高生态效率，破解资源环境约束的关键时期。面对日趋严峻的能源危机、环境危机和气候危机，我国的经济发展必须走一条低能耗、低污染、低排放的新型工业化道路。对我国而言，走新型工业化道路必须转变经济增长模式和生产方式，通过大幅度提高单位排放的生产效率，实现经济社会的可持续发展。新型工业化道路重在绿色发展，绿色发展就是要从源头预防污染产生，开展碳污共治，最有效地减少资源消耗，减少废弃物排放，从而真正解决当代中国的发展困境。目前，越来越多的有识之士意识到绿色发展是实现可持续发展的重要途径，将绿色发展上升至国家战略层面。党的十八届三中全会以来，我国已采取一系列改革措施推动绿色发展，促进工业文明向生态文明转型，初步形成了生态文明制度体系。党的十九届五中全会进一步明确美丽中国建设的远景目标和"十四五"期间阶段性任务，强调"推动绿色发展，促进人与自然和谐共生"。

在推动绿色发展中单纯强调使用工程与技术手段，"就污论污、边治理边污染"，忽略制度层面的建设与完善，无法从根本上解决问题。解决我国的环境问题，资金是前提、技术是基础、制度是保障。政策制定者必须选择合适的监督与约束机制来影响经济发展的路径。我国作为世界上最大的发展中国家，同时是面临绿色发展压力最大的国家，必须根据形势变化的需要，不断探索绿色发展的新模式、新方法，在保持经济快速增长的同时，有效地缓解经济增长造成的环境污染问题。

1.2　研究意义

本书在借鉴国际经验的基础上，将审计监督作为绿色发展的一项制度安排与规制工具，对其治理机制、评价方法、实践应用与制度设计等方面进行系统深入研究。

本书的研究意义与价值体现在：

第一，分析环境审计作为一种治理工具在绿色发展中的作用机理，实现理论创新。

第二，探索环境规制工具的多元化，利用审计监督促进绿色低碳发展，维护国家环境安全，推动我国环境友好型社会和生态文明建设。

第三，对于实现我国"十四五"期末减排目标、落实"碳达峰碳中和"行动方案，以及经济社会与资源环境的可持续发展具有指导意义。

1.3　文献综述

1.3.1　中国环境治理历程综述

1.3.1.1　环境治理的政策工具

1972 年，联合国在斯德哥尔摩召开的人类"环境大会"让环境治理问题首次进入了全球的视野。在我国，1978 年国务院环境保护领导小组的《环境保护工作汇报要点》首次提出了"环境治理"理念。其后，可持续发展、科学发展观、"两型"社会、生态文明、美丽中国等绿色发展理念纷纷提出，并广泛应用于指导实践，标志着环境治理成为重要的政治议题（郑石明和方雨婷，2018）。

关于环境治理的具体定义，不同学者给出了不同解释。目前比较公认的是联合国开发计划署（UNDP）与联合国环境规划署（UNEP）等在《世界资源：2002 - 2004》中给出的定义：如何进行生态环境决策和由谁来决策的全过程。也就是说，环境治理涉及的范围不仅包括自然资源管理决策，还包括管理者进行决策的框架——法律、政策、规则、政府机构和正式的程序等。环境治理，不是简单治理污染或生态修复，更重要的是调整生态环境背后的环境与经济的关系、环境与社会的关系，以及环境与技术的关系等（Coffey，2015）。

环境规制工具的选择和实施一直是环境经济学研究的重要议题（World Bank，1998；Borsatto and Bazani，2020）。根据环境治理实践与规范可知，主要包括政府主导型、市场主导型、社会型三种类型（戚建刚和兰皓翔，2021）。其中，政府主导型环境治理工具带有浓郁的强制性色彩，强调行政主体和公权力在环境治理中的权威，包括环境行政主体依靠其所享有的行政权力向环境行政相对人施压，并依据相应法律、法规和规章对环境行政相对人的相关行为进行限制、约束、制裁的各种手段，表现形式为环境行政许可、环境行政处罚、强制性环境标准设定等。市场主导型环境治理工具凸显市场主体和市场机制在环境治理中的作用，包括环境行政主体借助市场机制引导、激励环境行政相对人技术革新以降低环境污染和生态破坏的各种方式，表现形式为环境税、排污权交易、生态补偿、押金退返、补贴、贷款、责任保险等。社会型环境治理工具体现出强烈的非强制性色彩，既包括企业、社会团体、第三方组织等自愿作出的契合环境治理目标的行为，又包括公众参与环境治理所涉及的各种手段，例如环境信息公开、自愿环境协议、环境标志和环境信访等。在我国，由于"党管干部"的制度背景，激励约束型政策工具作为一项具有鲜明中国特色的治理手段被应用于污染控制中，并取得了很好的治理效果（孙伟增等，2014；王鸿儒等，2021；Chen et al.，2018；Wang and Lei，2021）。

党的十八大报告明确提出在生态文明建设中要运用"完善耕地保护制度、水资源管理制度、健全生态环境保护责任追究制度和环境损害赔偿制度"等政府主导的命令控制型政策。党的十八届三中全会明确强调"要完善对重点生态功能区的生态补偿机制，发展环保市场，推行节能量、碳排放权、排污权、水权交易制度，建立吸引社会资本投入生态环境保护领域"等市场化工具。党的十八届五中全会强调"要把资源消耗、环境损害、生态效益纳入经济社会发展评价体系以及政绩考核体系，建立差异化绩效考核治理体系"等激励约束型政策工具。这表明我国在生态文明建设中已经初步形成了多元化、综合性的环境治理政策工具体系。

1.3.1.2 环境治理的政策演进

如何设计有效的环境治理政策，是学术界和政策层面关注的重要问题。不同于西方国家实施环境税收或排放权交易等市场化为主的环境规制方式，我国主要采取行政主导和激励约束型的环境规制模式（余泳泽和尹立平，2022），即中国环境治理体系是以包括计划和目标、行动和实验为核心，以目标为基础的治理模式（Young et al.，2015；Guttman et al.，2018）。

新中国成立以来，我国对环境问题的认识和重视程度不断得以加强，在对相关文献资料进行梳理的基础上，本书将我国环境治理政策的演进概括为以下五个阶段。

（1）理念孕育、观念形成时期（1949～1978 年）。新中国成立之初，各项事业百废待兴，该阶段环境治理的特点是：第一，环境保护问题开始受到关注。1973 年，国务院组织召开了第一次全国环境保护会议，确定了"保护环境、造福人民"的环保工作方针。第二，环境保护的组织框架基本形成。随着政府对环保事业的关注与重视，1974 年，国务院推动成立了环境保护领导小组及其办事机构，并于同年制定《环境保护规划要点》，明确了环境保护的长远规划和年度计划。第三，环境保护政策有了宏观的法治保障。1978 年宪法中，明确了公民环境权与地方政府的环境保护责任，环境保护正式进入宪法（冉连，2020）。

（2）污染控制、发展优先时期（1979～1992 年）。在改革开放初期阶段，我国环境治理的特点是：第一，环境保护成为基本国策。1983 年 12

月，国务院召开第二次全国环境保护会议，将"保护环境"确定为一项基本国策，推行"预防为主，防治结合""谁污染，谁治理""强化环境管理"三大环境政策。第二，主要以行政手段为主。1989 年 5 月，国务院召开第三次全国环境保护会议，强化环境管理"老三项"（即环境影响评价、"三同时"和排污收费制度），推行环境管理"新五项"（即环境保护目标责任、城市环境综合整治定量考核、排污许可、污染集中控制和污染限期治理制度）等政策措施（俞海滨，2010）。第三，强调"发展优先、注重效率"。这一时期国家的主要精力集中在经济发展方面，经济发展与效率优先成为决策者的政治导向，环境治理措施在一定程度上服从于国家经济发展的大局。

（3）综合利用、协调发展时期（1993～2002 年）。该阶段环境治理的特点是：第一，环境保护工作重心的转变。中央认识到经济发展与生态环境之间的共生关系，强调在经济发展中应注重对环境的保护，不得以牺牲环境为代价谋求经济发展。党的十四大报告明确指出，加强生态环境的保护，把经济效益、社会效益和环境效益很好地结合起来（冉连，2017）。第二，实施"三个转变"。即从"末端治理"向全过程控制转变，从单纯浓度控制向浓度与总量控制相结合转变，从分散治理向分散与集中治理相结合转变。在全国范围实施"总量控制"和"绿色工程"两大环保举措。第三，重点强化区域环境治理。1998 年，国务院通过《国务院关于酸雨控制区和二氧化硫污染控制区有关问题的批复》，划定"两控区"，将二氧化硫和酸雨作为重点控制对象，提出"两控区"短期和长期的污染控制目标。

（4）环境友好、科学发展时期（2003～2012 年）。该阶段环境治理的特点是：第一，环境治理工具箱日益丰富。在广泛借鉴国际经验的基础上，一些环境治理的新理念和新机制，如排放权交易、环境信息披露等市场化工具和信息化工具相继被引入国内。第二，对地方官员环境保护工作实施政绩考核。2006 年，国家环保总局与各省（区、市）政府签订了"十一五"主要污染物总量削减目标责任书，明确将环境保护工作纳入领导班子和领导干部考核体系中。2011 年，国务院发布《主要污染物总量减排考核办法》，增加了环保考核问责制和"一票否决"制。与此相关的另一项制度是，中央在五年规划中设定一个全国性的节能减排指标，将总体指标分解为省级指标并分配给每一个省份，将指标完成情况纳入地方领导干部的综合考评（余泳泽和尹立平，2022）。第三，尝试环境司法改革。为提高环境司法效率，我国开始探索在法院原有的审判组织体系中单独设立环境资源审判机构，促进环境司法专门化改革，其中最具代表性的是设立环保法庭。

（5）生态文明、美丽中国时期（2013 年至今）。党的十八大以来，我国环境治理进入到一个全新的时代，该阶段环境治理的特点是：第一，强化区域联防联控机制。兼顾各地区差异，统筹区域环境治理，2013 年开始，先后在全国范围内开展大气、水和土壤等专项整治行动，加强污染防控、推动绿色发展，成为中央和各级地方政府工作报告的重要内容。第二，减污降碳、碳污共治，推动经济发展方式绿色低碳转型。党的十九届五中全会首次将碳达峰和碳中和目标纳入"十四五"规划建议。2021 年，全国碳交易市场在北京、上海、武汉三地同时启动和上线。第三，进一步完善环境执法和监管体系。①环保督察制度。《中央生态环境保护督察工作规定》（2019 年）以规章形式明确了我国生态环境保护督察的程序规范和权限责任，环保督察制度坚持问题导向、突出政治站位，强化成果应用，监督地方党委政府、环保部门以及相关业务部门的履职情况，推动各级政府环保工作职责的落实。②河长制。即由各级党政领导担任"河长"，组织指导各区域内河流生态环境的行政监督管理和资源保护工作。坚持党政领导、部门联动，明确各级河长职责，强化工作措施，协调各方力量，形成一级抓一级、层层抓落实的工作格局。③环保约谈。通过谈话沟通、学习政策法规、分析讲评等方式，由上级对下级政府及相关部门负责人以及相关企业责任人，未依法依规履行生态环境保护职责或履职不到位问题予以反馈、规范和纠正（余泳泽和尹立平，2022）。④生态环境损害责任追究制。2015 年，《党政领导干部生态环境损害责任追究办法（试行）》

印发，进一步完善了生态文明建设目标评价考核制度，对党政领导干部任职期间重大资源毁损和环境污染事件，开展同步问责和终身追责。⑤环境审计制度。政府投资是全社会环保投资的重要来源，2011～2019 年，全国财政一般公共预算环保投资增长了 2.8 倍（程亮等，2021）。按照"财政资金运用到哪里，审计监督就跟进到哪里"的原则，环境审计逐渐成为审计机关的一项独立业务类型，审计内容涵盖了环境保护职责履行，以及环境保护政策执行、项目运行和资金使用等，在党的十八届三中全会通过的《中共中央关于全面深化改革若干重大问题的决定》中，明确要求"探索编制自然资源资产负债表，对领导干部实行自然资源资产离任审计"。环境审计成为维护国家环境安全、推动绿色发展的重要治理工具。

1.3.2　环境审计研究综述

1.3.2.1　环境审计的概念内涵

国外多数学者倾向于将环境审计看成是一种有用的环境管理工具，例如，汤普森和威尔逊（Thompson and Wilson，1994）认为：环境审计是环境管理系统整体的一个组成部分，通过环境审计，管理层可以确定组织的环境控制系统是否能够对遵循监管要求和内部政策提供充分保证。纳图（Natu，1999）认为：环境审计是对公司、机构和政府的环境管理系统的定期检查和评估，其目的在于确定组织活动对于资源消耗和生态环境的影响，以及其后的调整或纠正行动。国内学者比较重视从审计的本质——经济监督论的视角定义环境审计。例如，陈思维（1998）是国内最早对环境审计的概念进行界定的学者。他认为，环境审计是指审计机关、内部审计机构和注册会计师，对政府和企事业单位的环境管理系统及经济活动的环境影响进行监督、评价和鉴证，使之积极、有效得到控制并符合可持续发展要求的审计活动。李雪和杨智慧（2004）在对国内外环境审计定义进行总结的基础上，认为环境审计是为了确保受托环境责任的有效履行，由国家审计机关、内部审计机构和社会审计组织依据环境审计准则对被审计单

位受托环境责任履行的公允性、合法性和效益性进行的鉴证。王淡浓
（2011）指出资源环境审计是由政府审计机关对政府和企事业单位有关资
源开发、环境保护的管理，以及经济活动的真实性、合法性和效益性所进
行的监督、评价或鉴证工作。

实际上，目前对于环境审计尚没有一个精确的、统一的定义（Hillary，
1998）。现有文献中对环境审计的内涵和外延有不同的理解，很容易引起
人们的误解，有人甚至将环境审计与环境评价、环境审核、环境认证以及
环境管理等概念混淆在一起。针对这种情况，王立彦和杨松（2003）指
出，英文中的 Environmental Auditing 一词在概念上有狭义、广义之分，欧
美会计界使用的 Environmental Auditing 以及中文的环境审计，对应的是狭
义的微观审计含义。环境管理或质量认证体系中所使用的 Environmental
Auditing 则是广义概念，可以对应中文的审计、审核、核查等多种理解。

耿建新和房巧玲（2004）、李永臣（2010）进一步指出，狭义环境审
计仅仅是指环境活动的经济事项和经济结果的审计；而广义环境审计还包
括环境活动的技术经济评价与管理体系审查。简单地说，狭义环境审计直
接使用环境审计概念，广义环境审计则可以称之为环境审核，涵盖了清洁
生产审计、脱硫审计等工艺技术评估，以及 BS7750、EMAS、ISO14000/
ISO9000 等环境管理或质量认证体系对环境事项的审查和认证。本书的研
究范围侧重狭义的环境审计。

与环境审计定义密切相关的是环境审计的对象和目标。

关于环境审计的对象，代表性的观点有：（1）政府部门及企事业单位
的环境管理责任；（2）被审计单位与环境有关的经营管理活动以及作为这
些活动信息载体的有关资料；（3）被审计部门或单位的环境管理及其有关
经济活动；（4）政府和企业经济行为对环境的影响等。环境审计对象的不
同表述，在一定程度上反映了对环境审计定义的不同理解（李明辉和刘笑
霞，2012）。

解决环境问题根本上讲是要从解决人的问题入手，即要解决人的行为
和观念。治人是本，治污是标。随着现代审计功能的拓展，环境审计的对

象逐步从"对事"的审计发展到"对人"的审计，领导干部环境责任履行情况正式被纳入审计监督范畴。根据中央的统一部署，2015～2017 年，领导干部自然资源资产离任审计（以下简称"自然资源资产离任审计"）在全国开展试点。2018 年，自然资源资产离任审计工作开始在全国范围内推广。自然资源资产离任审计的审计对象是承担自然资源资产管理责任的领导干部，包括三个层面：一是地方各级党委、政府的主要领导干部；二是国务院和地方各级政府承担自然资源资产管理责任的有关部门（单位）主要领导干部；三是承担自然资源资产管理责任的相关国有企业主要领导人员（郭旭，2017）。

关于环境审计的目标，一些学者分别从一元目标论、二元目标论、三元目标论，总目标和具体目标，最终目标和中间目标等不同层次开展了分析（毛洪涛和张正勇，2009）。但无论从何种研究角度，环境审计的基本目标可以归纳为三个方面，即：环境信息披露的真实性，环境法规遵循、环境政策执行及环保资金使用的合规性，环境管理系统及环保项目运行的有效性（李曼静和刘国威，2010），针对不同审计主体，应设立相应总体目标和具体目标（时军，2015）。

1.3.2.2 环境审计的基本理论

（1）环境审计的动因。就企业审计而言，在许多国家，环境审计是公司的自愿行为。那么，为什么有的公司会自愿进行环境审计，而有的公司却不愿意进行环境审计呢？或者说，影响公司环境审计决策的因素有哪些？一些学者对此进行了研究。

伊林奇和沙尔泰格（Ilinitch and Schaltegger，1995）指出，许多欧美国家的公司处于错综复杂的环境法律的监管之下，公司开展环境审计有助于让社会公众判断公司的内部管理体系是否达到了既定标准。汤普森和威尔逊（1994）指出，在过去，环境审计的主要驱动力量是对诉讼的担心以及监管部门的要求，随着人们对环境问题认识的提高以及环境治理成本的增加，环境审计的动因发生了变化，信贷机构、董事会、行业组织、政府、投资者、会计职业团体均成为环境审计的外部驱动力量。刘易斯（Lewis，2000）指出，在英国的一些地方当局之所以鼓励企业开展环境审计，是因为面对社会公众要求实现可持续发展的压力，地方政府利用环境审计充当了"推动者"（Enabler）和"评估者"（Evaluator）的角色。伊内斯（Innes，2001）认为，公司开展环境审计的动机是希望通过自我报告"违规"行为，以及进行自我管制的努力来减轻监管者对"违规"的惩罚力度。李雪和王恩山（2005）结合中国国情分析指出，我国开展环境审计的动因包括公众环保意识的提高、健全环境管理体系的需要，以及环境保护法规的日益完善等。

贝和塞尔（Bae and Seol，2006）对标准普尔 500 家公司的研究发现，公司是否实施环境审计与其所在行业的特征有显著关系，化学行业、电力与煤气行业、工业机械与装备行业中较多公司实施环境审计程序，保险行业、存款机构、印刷出版行业中的公司较少实施环境审计程序。艾略特和巴顿（Elliott and Patton，1998）提出假设认为，对环境具有潜在危害的公司更可能实施环境审计，但研究结果并未支持这一假说。对此，他们认为其原因在于这些公司可能并不认为环境问题是致命的问题或者并未从战略层次来处理。科尔克和佩雷戈（Kolk and Perego，2010）对财富全球 250 家公司的面板数据分析表明，利益相关者导向的公司在治理制度较弱的国家更有可能采取可持续发展的保证声明，审计环境和可持续发展责任被看成是对所在国家较弱的治理制度的弥补机制。

米什拉等（Mishra et al.，1997）分析管理者的重视程度对环境审计的影响，研究表明，管理者的直接参与会促使企业进行内部环境审计；企业发现自身环境达标方面存在问题的机会越大，在经营策略中采取合规性审计的可能性也越大。辛克莱·德斯加涅和加贝尔（Sinclair-Desgagné and Gabel，1997）构建一个多任务委托代理模型，用于在财务审计和环境审计业务中分配工作时间，研究结果表明在现有管理系统中引入环境审计有助于代理人更多地关注环境问题，同时减少对非环境问题的关注，实施环境审计的决策取决于代理人的预防性动机和风险厌恶阈值，恰当的机制设计有助于代理人实现环境审计和财务审计之间的均衡。达纳尔等（Darnall et al., 2009）分析了环境审计的供给与需求，指出公司进行环境审计的决策与公司内部利益相关者、机构利益相关者、社会利益相关者以及供应链利益相关者的感知有密切关系。根据信号传递理论，企业履行环境保护等社会责任的状况与企业形象有着密切的关系，环境业绩良好的公司容易受到消费者、投资者、股东、供应商、社区组织等利益相关者的青睐，通过内部或外部环境审计，并披露审计结果的沟通行为，可以缩小报告提供者与使用者之间的"信任差距"（Casey and Grenier, 2015），从而以较低的成本向利益相关者传递与决策相关的增量信息（黄溶冰和储芳，2021）。

当然，也存在一些不利于公司主动开展环境审计的动因。首先，环境审计的团队中需要包括熟悉工程、环境、法律、会计等多学科成员，导致环境审计的直接成本过高（Moor and Beelde, 2005）。其次，很多公司认为环境审计会带来严重的让企业自证其罪的风险，环境审计中发现的问题很可能被某些部门作为处罚的依据，这会损害公司主动开展环境审计的积极性（Campbell and Byington, 1995）。最后，审计师在环境审计方法上的技能欠缺以及缺少相关培训等也在一定程度制约了环境审计的开展（Lightbody, 2000；李兆东等，2010）。

就政府审计（国家审计）[①] 而言，环境审计作为一种规制工具介入污染治理问题始于 20 世纪 60 年代，代表性事件是美国审计署（GAO）[②] 于 1969 年对水体污染项目进行的审计，并将环境审计作为一种有效的环境管理工具（GAO, 1995）。1995 年 9 月，世界审计组织（INTOSAI）在开罗召开第十五届大会，正式将环境和可持续发展问题的审计列为主要议题。

支持将环境审计作为环境规制工具的理论来源于受托责任拓展带来的审计功能创新（蔡春和陈孝，2006）。委托代理理论认为，政府因社会公众的纳税而存在，双方形成了一种契约关系，这种契约关系使政府管理社

[①] 在本书中，政府审计与国家审计同义，不作区分，下同。

[②] GAO，Government Accountability Office，也有人翻译为政府问责总署，是美国的最高审计机关。

会公共资源的同时承担着公共受托责任（黄溶冰和李玉辉，2009）。环境问题的复杂性和广泛性，使环境责任成为政府公共受托责任的重要内容，环境审计是保证受托环境责任全面有效履行的制度安排（Lee，2005；He et al.，2009；骆良彬和史金鑫，2019）。在环境治理的过程中，环境监管部门可能出于一定的理性和利益考量，与污染者之间存在合谋行为，这样的机会主义行为严重损害了公众利益，由此产生了对环境公共产权委托管理的问责需求，由审计机关独立开展的环境审计是环境问责机制的重要组成部分，在权力制约监督中具有不可替代的职能（李兆东，2015）。郭鹏飞（2021）分析认为，治理理论可以作为我国环境审计实践发展的理论表征，环境审计对于揭示环境问题的体制性障碍、机制性梗阻、制度性漏洞发挥了重要作用，有助于促进环境治理体系和治理能力现代化。

（2）环境审计的主体。环境审计主体是环境审计的实施者，审计机关、内部审计机构和会计师事务所都是环境审计主体。但国内外实践表明，目前大多数环境审计项目的主体是审计机关（Van Leeuwen，2004）。1992 年，INTOSAI 成立了环境审计工作组（WGEA），成为 INTOSAI 内部成员单位最多、工作十分活跃的专门工作委员会。自1992 年以来，世界各国最高审计机关开展的环境审计项目已超过 3 000 项，涉及了能源、水、固体废弃物、大气、生物多样性等所有重要的生态环境领域（李璐和张龙平，2012）。政府审计在环境审计中的主导地位，与环境问题的公共性有关，同时受到环境审计的动因——受托环境责任的影响（Chiang，2010）。自然资源的利用和生态环境的保护既与微观经济活动有关，也与宏观经济运行以及宏观经济政策有关。环境审计必然要在宏观层面和微观层面展开。因此，在环境审计监督体系中，政府审计始终处于主导地位（谢志华等，2016）。

尽管环境审计被认为是注册会计师潜在的业务领域，但早期的调查结果显示，多数环境审计业务是由具有科学和工程背景的专业人士完成的，他们隶属于某一个专业或独立机构（如挪威船级社），但并非会计师事务所。实际上直至 20 世纪 90 年代，真正参与环境审计的注册会计师并不多

（Tozer and Mathews，1994）。进入 21 世纪，环境审计开始引起财务审计人员的关注，并开展了一些针对社会责任报告或环境报告的鉴证实践（李正和李增泉，2012），不过他们参与环境审计的热情并不高，这或许是由于他们没有从事环境审计的业务需求，或者是由于他们尚不具备相应的专业技能（Chiang and Lightbody，2004）。针对这种情况，摩尔和比尔德（Moor and Beelde，2005）指出，注册会计师参与环境审计拥有自身的优势，他们可以对环境管理系统进行独立、客观的评价，并且可以和科学家、工程师一起对企业的业务流程及其环境后果进行深入考察和评估，从而实施全面审计。2010 年以来，披露环境信息或发表特定种类环境报告的公司大幅度增加。披露环境、社会和公司治理（Environmental，Social and Governance，ESG）报告成为国际通用的可持续发展水平衡量标准和主流实践。随着社会公众对环境信息披露的需求不断增加，以及受托经济责任的拓展，注册会计师应该成为未来环境审计的重要力量（袁广达和袁玮，2012）。

内部审计对于环境问题的关注，往往与企业社会责任和商业道德联系在一起（黄溶冰，2012a），在 20 世纪 60 年代，一些欧美国家的社会动荡与变革促进了社会和道德的会计、审计与报告的发展。在荷兰，主要的钢铁生产企业 Hoogovens 公司于 60 年代就开始社会责任与环境审计，以此作为与工会达成集体协议的一部分。1977 年，德国商会发布了一份关于境内企业如何开展社会责任与环境审计的研究报告，这为非财务审计人员实施相应核查程序和报告责任提供了借鉴。在美国，同样出现了公司社会责任与环境审计的潮流，越来越多的公司自愿开展环境审计与社会责任鉴证，并形成文件公布（Jahnson，2001）。塔克和卡斯珀（Tucker and Kasper，1998）指出，环境管理的发展要求审查环境系统以及评估环境风险敞口、计量环境负债，这为熟悉企业业务流程的内部审计师提供了机会。王丹和李玉萍（2015）指出，企业内部审计部门可以对企业环境政策、环境管理系统、企业各活动阶段以及企业的建设项目，依据一定的标准进行综合绩效评价，提出提高企业环境绩效的建议，以便管理当局改善环境管理。

（3）环境审计的内容与范围。企业自愿环境审计被认为是一种对社会和公众环境意识作出积极反应的自我监管的环境工具（Hillary，1998），作为一种环境评估和检查活动，其范围包含但不局限于：①场所污染的评估；②计划投资的环境影响评价；③环境履职审计；④公司环境绩效报告的评估；⑤环境合规性审计（Lightbody，2000）。汤普森和威尔逊（1994）认为，环境审计不仅限于设备审计、废料审计、资源转移审计，所有的环境审计都应当包含以下四个基本要素：验证公司对有关监管要求的遵循性；验证公司对行业标准的遵循性；评价日常环境事项的管理情况；提出纠正已识别缺陷的行动计划。

就不同审计主体而言，INTOSAI 在其 2001 年发布的报告《从环境角度对活动进行审计的指南》（*Guidance on Conducting Audits of Activities with an Environmental Perspective*）中，认为环境审计主要应该关注环境、自然资源和可持续发展问题，环境审计内容包括：财务审计、合规性审计、绩效审计。其中，环境财务审计旨在审查政府财务报告是否反映了环境成本与负债；环境合规性审计旨在确定环境保护支出是否符合开支授权以及是否遵循了相关法规、条款与政策；环境绩效审计旨在评价政府是否实现环境目标以及环境保护活动的经济性、效率性和效果性。

根据审计署《"十四五"国家审计工作发展规划》，"十四五"期间环境审计的工作重点是：以加快推动绿色低碳发展，改善生态环境质量，提高资源利用效率，助力美丽中国建设为目标，全面深化领导干部自然资源资产离任审计，加强对生态文明建设领域资金、项目和相关政策落实情况的审计。具体而言，一是领导干部自然资源资产离任审计。围绕中央关于加强领导干部自然资源资产离任审计的决策部署，重点关注自然资源资产管理、国土空间规划、碳达峰碳中和、污染防治攻坚战等重大任务落实情况，加快建立健全审计评价标准和指标体系，促进领导干部落实生态文明建设责任制。二是资源环境专项资金审计。围绕节能减排、污染防治、生态保护修复、资源开发利用等财政专项资金投入、分配、管理和使用情况，重点关注生态环境保护修复重大工程、环境基础设施、资源循环利用等重点项目的实施效果，保障资金安全，促进政策目标实现。三是生态文明建设政策落实情况审计。围绕国家"十四五"规划纲要中生态文明建设目标任务，重点关注碳排放碳达峰行动推进、绿色发展政策体系构建、"绿色生态"约束性指标完成、生态保护补偿机制建设、生态安全和环境风险防控等情况，促进经济社会发展全面绿色转型。

国际会计师联合会（IFAC）在 1995 年发布的文件《审计职业与环境》（*The Audit Profession and the Environment*）中指出，环境审计包括以下类型：对场所污染的评价、对拟投资项目的环境影响评价、环境应有关注审计、对公司环境业绩报告的审计、对组织遵循环境法律法规的情况进行审计。

国际内部审计师协会（IIA）在 2003 年发布的《内部审计在识别和报告环境风险中的作用》（*Internal Audit's Role in Identifying and Reporting Environmental Risks*）研究报告中，将环境审计的内容划分为 7 个方面：合规性审计，环境管理系统审计，交易审计，处理、贮存和处置机构审计，污染预防审计，应计环境负债审计，产品审计。

此外，世界银行（World Bank）、国际商会（ICC）、国际标准化组织（ISO）、环境教育基金会（FEE）、加拿大注册会计师协会（CICA）以及美国环境总署（EPA）也分别对环境审计的内容和范围作了界定。

自然资源和生态环境问题是一个宏观整体问题。但是，产生这一问题的根源或者基础却是微观社会经济主体特别是企业的经济行为所致（谢志华等，2015）。因此，环境审计既要从宏观上进行，也要从微观上开展，需要三大审计主体（政府审计、注册会计师审计和内部审计）的相互配合。宏观环境审计内容应该包括以下六个方面：相关国家法律法规和政策措施的执行情况；国际环保协议履行情况；国内外自然资源使用和生态环境保护项目的预算、资金筹集和使用效果；自然资源和生态环境监管部门及其机构的履职情况和监管绩效；各级政府和企业领导人的自然资源使用和生态环境保护责任的履行情况；微观社会经济主体特别是企业环境审计的开展及其效果的情况。微观环境审计内容主要包括：环境管理系统的健全性和有效性；对自然资源使用和生态环境保护法律法规的遵循情况；生产经营活动对资源和环境可能造成的不利影响及其处理状况；自然资源使用和生态环境保护信息的真实性和可靠性；生态环境保护项目的运行状况及其效果。

（4）环境审计的技术方法。在实施环境审计的过程中，必须关注可持续发展的三个要素，即经济增长、环境保护与社会进步，这意味着对传统审计方法的进一步拓展。INTOSAI（2007）指出，最高审计机关在环境审计中需要认真制定一套方法，借此对某一既定的功能或活动是否有效执行作出可靠的结论，以此为目的，可以采用的工具包括实地调查、标准化问卷、统计抽样等方法。GAO 在环境审计中则综合运用了政策评估和项目管理的方法（2006a，2006b，2007，2012）。

多威尔（Power，1997）指出，拥有会计专业背景的财务审计人员在进入环境审计领域时，要注意吸收和借鉴应用科学领域的专业知识，在执行审计业务时寻求多种审计方法的结合。一些学者分别提出了在环境审计中适用的技术方法，包括：结合公司战略和环境管理体系制订环境审计计划（Boivin and Gosselin，1991；蔡春和陈晓媛，2006），在环境审计中选择适当的费用效益分析方法和评价指标（Diamantis，1998；辛金国和杜巨玲，2000；陈正兴，2001），采取有别于传统财务报表审计的审计流程（Moor and Beelde，2005；李兆东等，2009，2010），以及层次分析、价值链分析等定量分析技术在环境审计中的应用（汤亚莉和邓丽，2006；张宏亮等，2015；胡耘通和何佳楠，2017）等。

科利森和斯隆普（Collison and Slomp，2000）指出，由于环境审计本身的特点，在审计过程中组建具有多学科背景的审计小组是十分必要的，对于一些疑难技术问题，可以聘请环保专家、生态专家以及律师等出具专家意见。

除利用专家经验之外，建立起一套通行的环境审计准则也被认为是实现环境审计过程标准化、进而提高环境审计质量的重要途径（Maltby，1995；Chiang，2010）。世界审计组织环境审计工作组（WGEA）于 2001 年首次发布了《环境审计指南》，随后，WGEA 综合各国环境审计理论和实践，针对环境审计的主要领域，先后发布了水资源、废弃物、生物多样化、气候变化、可持续能源、可持续渔业、资源开采等一系列审计指南。此外，一些国家和地区组织也分别发布了环境审计指南。

随着信息技术的发展，以大数据为代表的新科技为环境审计提供了广阔的空间。在环境审计工作中运用大数据技术可紧扣以下两个环节：一是通过大数据分析使审计线索更精准；二是通过大数据分析使审计取证更直观（徐薇和陈鑫，2018）。在实践工作中，通过大数据技术，旨在应对因自然资源和污染源地理分布、自然资源资产属性复杂性带来的审计工作难题。遥感技术（Remote Sensing，RS）、全球定位系统（Global Positioning System，GPS）、地理信息系统（Geographic Information System，GIS）在环境审计中获得了广泛应用，特别是在审计取证方面，3S 技术具有无可比拟的优势，有效地提升了整体审计效果（程亭，2015）。

1.3.2.3 环境审计的收益与风险

卡斯和麦卡罗尔（Kass and McCarroll，1995）认为，实施环境审计可以使公司更易于融资、发行证券；自愿实施环境审计可以促使公司改进环境管理，降低违规成本，提高公司的声誉。伊内斯（2001）分析指出，环境审计能够在发生重大环境污染之前，将环境风险消除在萌芽状态；这种自我监管的措施比任何外部监管都更能有效地发现存在的风险隐患。沙利文（Sullivan，2009）的实证研究表明，随着各国应对气候变化法规的颁布，参与调查的欧洲125 家大公司的绝大多数都建立了环境管理系统并采取有效措施应对商业风险，特别是在 20 家高影响力部门中（电力、石油和天然气、采矿），有 17 家按照 Greenhouse Gas Protocol（WBCSD/WRI）定期披露经过审计的温室气体排放信息，其中15 家在报告中披露连续 5 年的排放数据，与 3 家未定期披露温室气体排放数据的公司相比，上述 17 家公司在某些财务指标上处于更理想的水平。

开展环境审计的好处还包括：公司能够尽早地发现环境风险，减少违规罚款和后期处理的成本；环境审计提供了一种契机，使环境保护卓有成效的公司能够得到保险公司更优惠的费率；环境审计有助于企业获得政府的订单；环境审计有助于公司改进经营计划；公司的环境审计信息可以作为国家层面环境状况报告和新国民账户体系的基础等（Thompson and Wilson 1994；Stanwick and Stanwick，2001；Moor and Beelde，2005）。

但也有一些学者认识到，环境审计在产生巨大收益的同时也存在不可忽视的风险（或成本）。环境审计的成本不仅包括支付给审计师的费用，还包括许多潜在的经济或非经济的损失。他们指出，公司实施环境审计的障碍包括：审计成本、对管理层绩效评价影响的担心、对潜在的法律问题的担心、对负面宣传的担心、审计收益的不确定性、审计人员不愿意报告存在的问题等（Thompson and Wilson，1994；Lang，1999）。

卡斯和麦卡罗尔（1995）最早提出了关于环境审计可能产生的法律诉讼以及是否需要给予环境审计一定的豁免权，以鼓励公司实施环境审计的问题。他们指出，环境审计通常需要披露地下水的污染情况或者没有严格遵守相关要求来处理废物的情况，如果公司报告这些情况并采取适当的补救措施，其最初违反相关规定或未能尽早报告危险物排放的行为是否可以免受民事或刑事诉讼？他们认为，除非环境审计可以享受一定的豁免权，否则环境审计很可能会导致针对公司或其雇员的处罚，而且，第三方也会根据环境审计所披露的信息提出成本补偿或损害赔偿的要求。

一些学者关注到环境审计在实施中可能存在的风险。布鲁门菲尔德（Blumenfeld，1989）提出了一个假设的困境，审计师在审计中发现了一项不利的环境影响，造成这种环境影响的行为本身并不违法，但很可能影响社区居民的健康，审计师将面临是否披露的两难选择，如果缺少普遍接受的道德标准，在环境审计中有可能作出错误的决策。鲍尔等（Ball et al.，2000）指出，一些对公司环境报告提供鉴证意见的审计师，同时承担了被审计单位顾问的角色，由于独立性的丧失，审计过程往往由被审计单位所控制，从而影响了鉴证意见的公正度。

在宏观方面，国家审计是国家治理体系的重要组成部分，在生态文明建设的背景下，环境审计需要实现公共环境价值与增值（杨肃昌等，2019），环境审计与生态文明建设之间存在必然的内在联系，服务生态文明建设是环境审计发展的应然趋势和实然选择，是检查和评价生态文明建设公共权力运行、公共政策执行和公共资源配置的必然需求。一方面，已有的研究文献证实了开展环境审计有助于辖区内污染物减排，有利于促进企业环境绩效提升（张琦和谭志东，2019；蔡春等，2021；Wu et al.，2020）；另一方面，对于政府主导的环境审计，审计人员素质能力、人员结构、管理水平等与审计风险负相关，而地方政府的干预程度等与审计风险正相关（赵息等，2016）。

1.3.2.4 环境审计的国际比较

一些学者通过介绍和分析国外环境审计的经验，指出它们对于环境审计发展的借鉴和启示。列文（Leeuwen，2004）介绍了当时世界主要国家环境审计工作的发展和技术水平，分析了世界审计组织下设的环境审计工作组（WGEA）于1994～2000年开展的3次全球环境审计调查的总体情况，提出各国开展环境审计合作与交流的必要性。李明辉等（2011）对于国外环境审计的基本理论、政策选择、规则与立法、程序与方法等问题进行了研究，在此基础上，提出了加强我国环境审计研究的具体建议。耿建新和房巧玲（2004）通过对中外环境审计研究视角的比较，提出尽快制定我国政府环境审计准则的设想。贺桂珍等（2006）分析了荷兰政府环境审计的法律基础、组织结构、审计程序以及审计权限，提出借鉴荷兰经验加快和完善我国环境审计立法、促进国际交流与合作等方面的建议。黄溶冰和王丽艳（2011）对环境审计在碳减排领域的应用进行了国际比较，并就如何发挥环境审计在碳减排中的作用提出了建议。吴勋和郭娟娟（2019）以WGEA全球环境审计调查报告为研究样本，分析国外政府环境审计发展现状，基于我国环境审计实际，提出改善环境审计要素覆盖率、扩充环境审计主题事项、完善环境审计标准、夯实审计查责基础、推进环境绩效审计、强化审计结果运用等对策建议。

贺等（He et al.，2009）以我国青藏铁路建设为例，介绍了环境影响评价（EIA）和政府环境审计（GEA）在大型建设项目环境管理中的应用，指出 GEA 方法可以作为 EIA 的有效后续行动，而 EIA 为未来进行 GEA 奠定了基础。利马和马格里尼（Lima and Magrini，2010）分析了巴西审计法院（Justival de Contas da União，TCU）在环境管理外部审计中所起的作用，重点介绍了 2007 年对联邦环境许可程序进行的一次运营审计的结果，同时探讨了 TCU 的职责以及与世界审计组织其他国家的比较。卢等（Lu et al.，2020）利用世界审计组织发布的 2003~2013 年各国环境审计项目的年度调查数据，对全球 204 个国家（地区）开展了探索性空间数据分析，考察了各国实施环境审计项目的空间相关性。曹等（Cao et al.，2022）分析了我国于 2015 年开始的地方审计机关垂直管理改革试点对环境审计工作的影响，研究发现，增加独立性有助于提高政府审计的绩效。

此外，一些国内学者分别介绍了美国、加拿大、德国、日本、印度和南非等国家和地区开展环境审计的良好实践和有益经验（骆良彬和史金鑫，2020），就环境审计概念范畴而言，上述文献涵盖广义环境审计视角，即包括了环境审核和认证的内容。

1.3.2.5 环境审计的业务研究

世界审计组织环境审计工作组（WGEA）自成立以来积极推进各国环境审计的国际交流与合作，先后多次组织由各成员国参加的大会，并在 WGEA 的官方网站上（http：//www. environmental-auditing. org/）开辟了"环境审计的选择"（Selection of Environmental Audits）专栏，交流世界各国环境审计的典型经验。

我国的环境审计制度经历了长足的发展，逐步走向成熟，形成了专项环境审计、污染防治政策跟踪审计和领导干部自然资源资产离任审计三大业务格局（郭鹏飞，2021）。

专项环境审计在我国的开展时间较早、覆盖面广。一些学者从不同视角介绍了环境审计在实务中的应用，包括不同省份的环境审计实践探索（浙江省审计学会课题组，2004；刘笑霞和李明辉，2014；陈波，2022）、大气环境审计（管亚梅和张桐，2016；胡耘通和何佳楠，2019）、水环境审计（严飞，2007；黄溶冰和赵谦，2010；顾正娣和华增凤，2012），以及流域和区域环境审计等（杨肃昌等，2013；赵彩虹和韩丽荣，2019）。

污染防治政策跟踪审计在党中央打好"三大攻坚战"和国务院要求"组织重大政策措施跟踪落实审计"的背景下应运而生。一些学者分别对节能减排、气候，绿色金融、生态补偿政策等领域的政策跟踪审计理论、方法和实践进行了分析和探讨（卢相君等，2011；王士红和孔繁斌，2015；李兆东和薛佳睿，2022；袁广达和余正道，2022）。

领导干部自然资产离任审计是服务于生态文明建设的一项制度创新。自2013年提出以来逐渐成为热点新命题。我国学者已对自然资源资产离任审计的动因和理论基础（蔡春和毕悦铭，2014；黄溶冰和赵谦，2015），自然资源资产离任审计的内容和实施路径（刘明辉和孙冀萍，2016），自然资源资产离任审计的模式、方法和评价指标体系（张宏亮等，2015；黄溶冰，2016；潘琰和朱灵子，2019），水、土地和草原等自然资源的审计重点及实施方案（耿建新和王晓琪，2014；王振铎和张心灵，2017；耿建新等，2018）进行了多角度的探讨。

1.3.2.6 环境审计的发展趋势

作为一种环境管理工具，环境审计面临着从强制审计到自愿审计的转型，虽然对污染处理设施或设备的检查仍是必要的，但更重要的是对环境政策、环保资金以及环境管理系统的绩效进行评估（Sinclair-Desgagné and Gabel，1997；Tucker and Kasper，1998），分析环境信息、评估环境风险以及提出环境管理建议是环境审计区别于传统财务审计的重要特征（Dixon et al.，2004；蔡春和陈晓媛，2006）。

布莱克（Black，1998）认为，传统的环境审计关注法律、法规和制度的遵循，但当环境审计发展到一定阶段以后，它应更多地关注环境管理系统的有效性，环境审计应从以下四个方面实现转型：（1）更广泛的审计。环境审计除了关注遵循性外，还要评价组织环境系统的有效性，审计师应当识别影响环境的关键控制点、衡量环境损害的可能性、减轻环境风险。（2）整合化的环境审计。审计师应当了解和熟悉组织的整个业务流程，从而对业务循环的改进产生更直接的影响。（3）涉及面更广。环境风险存在于组织的整个生命周期当中，组织中的所有经营人员都应对环境审计负有责任。（4）环境审计人员应当实行统一认证。

自审计作为一种规制工具介入污染治理和绿色发展领域以来，环境审计的重点经历了不断的演进，以适应环境保护要求的变化以及不同利益相关者的需要。以 GAO 为例，20 世纪初期，GAO 的环境审计工作计划完全集中于财务审计；而在 70 年代和 80 年代，国会通过了许多环境法律，其环境开支也出现了相应的增长，GAO 开始把大量资源用于绩效审计；进入 90 年代以来，国会经常要求 GAO 回答同政策评估相关的问题，包括如何对某些环境法律进行修订，以便更好地实现其预期目标，或者如何更好地配置资源，以便使环境支出产生更高的回报等，因此，审核环境政策的潜在影响成为 GAO 关注的又一重点领域（GAO，2010）。

郭鹏飞（2021）分析了我国环境审计的发展历程，指出在生态文明新格局下，环境审计发展模式的五大转变：从专项审计向离任审计、跟踪审计和专项审计并立的格局转变；从资金审计向资金、绩效和履责的综合审计转变；从单一自然资源要素审计向全要素生命共同体审计转变；从具体问题查证向全面系统评价转变；从传统审计方法向大数据审计方法转变。

1.3.3　评介和展望

环境问题的复杂性是环境治理手段不断创新以及新工具不断涌现的客观背景。我国作为发展中国家和新型市场化国家，利用传统规制工具保护环境仍是十分必要的。但同时，我国也需要结合环境问题的外部性特征，从政府介入环境治理的必要性以及受托环境责任的审计鉴证角度，探索环境规制工具的多元化。

国外关于环境审计的研究有三个方面的特点值得借鉴：一是研究主题的多样化。国外的环境审计研究不仅限于环境审计的概念、主体、内容等基本问题，而且涉及环境审计的动因、效果和规范等多个方面。二是研究方法的多元化。国外的环境审计研究在方法上基本做到规范研究与实证研究并重（李明辉等，2011）。在规范研究中，既有运用经济学、管理学、法学等相关理论进行逻辑推理，也有运用数理模型进行推演、证明；在实证研究中，既有建立在问卷调查或档案数据基础上的经验研究，也有实地研究、案例研究。三是强调应用理论。国外学者对抽象理论问题的探讨并不多，相比而言，他们更关注审计程序与方法等应用理论，有一些是从广义环境审计视角的研究，尤其是涉及环境管理或质量认证体系（ISO14000/ISO9000，EMAS 等）的审核、验证方面，这与目前我国已经开展的环境审计有较大的不同。

我国的环境审计吸收了国际上的最新审计理念，同时又具有鲜明的中国特色。进入 21 世纪以来，我国各级审计机关先后开展了 46 个重点城市排污费审计、"三河三湖"水污染防治资金审计、41 户中央企业绿色发展专项审计调查、20 个省份节能减排专项审计调查、环保领域重大政策措施贯彻落实跟踪审计，以及涉及 8 400 余名领导干部的自然资源资产离任审计等环境审计（调查）项目。环境审计正逐步成为国家审计的核心业务和重要组成部分，审计对象由"事"（政策、项目和资金）及"人"（党政领导干部），并被作为一种监督手段应用于环境治理领域；审计范围、审计方式等方面越来越呈现出不同于其他专业审计的个性化特征。

党的领导是我国环境治理体系的基本特征。我国环境治理体系是在党的领导下管理生态环境的体制机制及法律法规安排，是一整套紧密联系、相互协调的国家治理体系的一部分。国家审计是为满足国家治理的客观需要而产生和发展的（刘家义，2015），开展环境审计的最终目的是推动绿色发展，在美丽中国和生态文明建设背景下，环境审计亦被赋予时代的内涵。环境审计作为绿色发展的治理工具，在借鉴国内外经验的基础上，未来应进一步关注如下方面的研究：

第一，探索构建创新型环境审计理论体系。我国经济发展进入新常态阶段，这一特殊经济背景对环境审计理论体系提出更高要求，为了适应国内和国际经济环境的深刻变化，不断创新环境审计论体系、积极探索合理有效的绿色发展作用机制和实现路径将成为未来研究的重要方向。

第二，加强环境审计评价研究。环境审计的本质是绩效审计，需要在评价的基础上发挥建设性作用。环境审计评价指标体系以及评价方法是环境审计工作的重要依据和指南，目前对评价指标体系以及评价方法的研究大多停留在理论层面，可操作性差，缺乏实际应用价值，实际工作中也常面临诸多困难，因此建立符合我国国情的科学、合理的评价指标体系，存在理论必要性和现实必然性。

第三，加强理论、实践的互动与促进。我国环境审计理论与实践之间相互影响，但两者的融合度还有待加强。一方面需要加强从实践中创新和提炼理论，另一方面也需要加强理论先行和对实践的指导。这就需要充分开展创新性研究工作，从审计理念、审计制度、审计内容等层面为环境审计的高质量发展建言献策，讲好环境审计维护国家生态安全、推进生态文明建设、促进绿色发展、建设美丽中国的中国故事。

上述三个方面正是本书的研究目的所在。

1.4 结构安排与研究方法

1.4.1 研究框架

1.4.1.1 研究目标

本书的研究拟实现的目标归纳如下：

（1）建立一个理论框架。探索环境审计作为一种治理工具在我国绿色发展中的实现机理，构建基于绿色发展的环境审计理论框架。

（2）开发一套方法体系。设计出符合绿色发展要求，体现绩效观的环境审计评价方法与指标体系。

（3）探索一组经验证据。利用统计分析、案例分析等方法，探求环境审计需求影响因素、审计发现分布特征、环境审计良好实践等方面的经验证据。

（4）完善一项制度安排。提出我国在推进绿色发展过程中，加强环境审计工作的若干政策建议。

1.4.1.2　基本内容

本书包括三篇 14 章，基本内容概括如下：

上篇，理论篇。包括：第 1 章绪论，提出本书的研究背景和意义，对我国绿色治理历程和国内外环境审计研究现状进行综述，明确研究目标、研究框架和研究方法。第 2 章国家治理框架下的国家审计理论体系构建，分析国内外审计理论体系的研究现状，在此基础上，构建了涵盖国家审计基础理论、国家审计应用理论和国家审计发展理论的国家审计理论体系，其中环境审计理论正是国家审计应用理论的重要组成部分。第 3 章环境审计推动绿色发展的治理机制，将绿色发展视作一个复杂的系统工程，以环境审计作为治理工具，利用复杂适应系统理论的刺激 – 反应模型演化，以及主体的适应性和学习行为，阐释适合我国国情的绿色发展环境审计治理机制。第 4 章环境审计推动绿色发展的演化模型，通过构建两个参与人三种情境下的博弈模型，探讨环境审计信息披露与问责反馈在绿色发展中的功能实现。第 5 章环境审计的审计理论结构，构建了以审计本质为逻辑起点的环境审计理论结构，探讨了以绿色发展为宏观背景的环境审计本质、职能、目标、内容、模式、方法、报告等要素。

中篇，方法篇。包括：第 6 章逻辑框架法在环境审计中的应用，从审计模式的角度，借助传统逻辑框架法的层次与逻辑关系，结合环境审计需要，探讨改进逻辑框架法在环境审计中的应用可行性、步骤与方法。第 7 章变权综合评价法在环境审计中的应用，从综合评价的角度，以服务生态文明建设为宗旨构建绿色发展的审计评价指标体系，基于变权理论的权重分配方法——层次变权综合评价法，对影响绿色发展的节能减排因素进行均衡性处理，使评价结果建立在更加客观合理的基础之上。第 8 章挣值分析在环境审计中的应用，从经济性评价的角度，基于成本和进度两个因素对环境治理项目开展经济性评价。第 9 章数据包络分析在环境审计中的应用，从效率性评价的角度，根据环境治理项目多投入、多产出的特点，将 DEA-Tobit 模型用于分析环境保护的投入产出效率以及整改方向。第 10 章问卷调查法在环境审计中的应用，从效果性评价的角度，探讨问卷调查和问卷分析在环境审计中的应用。

下篇，应用篇。包括：第 11 章环境审计制度选择的影响因素，基于制度选择和制度变迁理论，从经济发展和社会进步角度对环境审计的需求因素进行实证分析，并对我国是否适合推行环境审计制度进行了符合性检验。第 12 章环境审计的审计结果公告，利用内容分析法，对我国环境审计结果公告涉及的真实性、合规性、经济性、效率性、效果性和回应性进行类目设定与材料编码，讨论了不同类目的总体特征、区域分布特征以及时间分布特征。第 13 章环境审计典型案例，兼顾国外和国内，中央和地方，水、大气和固废，从不同维度剖析环境审计典型案例，分析、总结其中的良好实践和有益经验。第 14 章完善环境审计制度的对策建议，在经验总结基础上，有针对性地提出加强我国环境审计工作的若干对策建议。

1.4.2　研究方法

1.4.2.1　理论演绎方法

理论演绎方法包括文献分析、演绎推理和逻辑归纳等方法，综合运用复杂性科学、公共管理学、环境经济学和现代审计理论等相关学科的理论，阐释环境审计在促进绿色发展中的作用机理与实现路径。

1.4.2.2　模型构建方法

利用演化博弈论，构建环境审计在绿色发展中的一般规制模型并进行策略解析；利用变权原理，构建包含节能减排因素的绿色发展审计评价指标体系；利用 DEA-Tobit 分析，构建多投入、多产出的环境绩效审计评价模型。

1.4.2.3　统计分析方法

统计分析方法包括计量经济模型和内容分析方法，在文献研究的基础上，提出假设、实证检验和讨论结果，对统计数据、审计结果公告数据进行定量分析，探寻其中的规律。

1.4.2.4　案例研究方法

通过资料检索、实地调研与动态追踪等手段，选取典型案例，剖析环境审计的良好实践，比较总结其中的经验和启示。

1.4.3　特色和创新

本书在研究视角、研究思路、研究方法和成果应用方面有如下特色和创新：

在研究视角上，从复杂适应系统理论这一独特的视角出发，阐释环境审计在绿色发展中的规制机理。具体而言，利用刺激－反应模型，分析主体环境责任响应的对抗、防御、适应及先动哲学的演化规则，探讨环境审计在绿色发展中的微观作用机制问题；利用学习－适应机制，分析主体与环境在交流的过程中不断"学习"或"积累经验"，并且根据学到的经验改变自身结构和行为方式的演化进程，探讨环境审计在绿色发展中的宏观动力机制问题。

在研究思路上，围绕建立一个理论框架、开发一套方法体系、探索一组经验证据、完善一项制度安排的整体研究目标，构建了理论、方法与应用的整体框架。在国内现实分析的基础上，立足生态文明建设以及我国绿色发展中政府、企业遇到的矛盾与问题，以复杂适应系统理论、现代审计理论、环境经济学理论、公共管理理论等规范研究为先导，以博弈分析、实证研究、案例分析的结论来促进上述规范理论的完善。

　　在研究方法上，针对我国环境审计研究中定性分析与定量分析相结合的文献成果尚显不足的现状，一方面，积极推动管理学、经济学的分析评价方法（如逻辑框架、层次分析、数据包络分析、问卷调查、挣值分析等）在环境审计技术方法中的应用，促进传统环境审计向绩效审计的高端方向发展；另一方面，尝试探索大样本实证分析方法在国家审计中的应用，针对环境审计制度选择的影响因素以及环境审计中发现的特征分布开展定量研究。

　　在成果应用上，环境审计既需要进行扎实的理论研究，又需要使理论研究不脱离我国生态文明建设的具体实践，并形成可运用于实践的研究成果。本书一方面有针对性地开展案例研究，形成若干代表性的典型案例；另一方面，结合案例研究和调研访谈，提出促进环境审计科学发展的对策建议，为我国的绿色治理模式创新提供智力支持。

| 第 2 章 |

国家治理框架下的国家审计理论体系构建

2.1 引　言

20 世纪 60 年代，莫茨（Mautz）和夏拉夫（Sharaf）的经典著作《审计哲学》（*Philosophy of Auditing*）发表以来，审计理论研究一直受到审计职业界的重视，从早期认为审计理论是一系列概念框架，到认识到审计理论应当具有一定的理论体系，审计理论界对于审计理论的认识不断深化。综观现有文献，绝大多数都是以注册会计师财务报表审计为对象展开研究的，限制了审计理论体系研究的深度和广度。近年来，随着现代审计实践的丰富发展，加之国家审计在国家政治经济生活中的地位和作用日益重要，探讨国家审计理论体系成为审计理论研究关注热点，国家审计理论研究已经进入系统化、整体化的阶段（王常松，2010；杨肃昌，2012）。总的来说，与国家审计实践丰富发展相对应的是，我国国家审计理论研究相对滞后（刘家义，2010），国家审计理论体系应当包含哪些内容、理论体系的基础是什么等问题认识仍不统一，成为限制我国国家审计发展的一个主要影响因素。构筑科学合理的国家审计理论，已经成为国家审计研究领域的关键命题。

我国具有与世界上诸多国家不同的政治和经济社会体制，国家审计发展道路具有鲜明中国特色，审计实践丰富多样，如开展了世界上大多数国家所不具有的经济责任审计、专项审计调查等审计类型，以及采用跟踪审计的审计组织方式等。与中国国家审计多样化审计实践相对应，理论和实务界对国家审计的本质认识也不断深化，如认为国家审计发挥国民经济社会健康运行的"免疫系统"功能（刘家义，2009），具有批判性、建设性、宏观性等特征（尹平和戚振东，2010）。最新理论成果则认为，国家审计是国家治理的重要组成部分，是国家治理体系中的一项基础性制度安排（刘家义，2012，2015），以国家治理理论为指导探讨国家审计相关问题逐渐升温，在国家治理框架下分析国家审计理论体系成为国家审计理论研究的前沿领域和发展的必然趋势。

唯有在构建国家审计理论体系的基础上，才能更好地定位和探讨环境审计的理论结构。本章基于国家审计是国家治理重要组成部分的本质观出发，辨识国家审计治理工具的含义主题，尝试构建了一个基于国家治理框架的国家审计理论体系，以期在统一理论基础上廓清国家审计理论体系的层次内容，并期望能够为国家审计实践开展提供理论借鉴。

2.2　文献综述

莫茨和夏拉夫 1961 年出版的《审计哲学》认为，在审计行为活动的背后，存在着一整套基本的假设和完整的概念体系，由此开创了审计理论研究先河。审计理论的目的是提供一个合理的、首尾相应的概念结构以决定实现既定审计目标必需的审计程序。在继承莫茨和夏拉夫学术观点的基础上，尚德尔 1978 年出版的《审计理论》（*Theory of Auditing*）中，提出了"假设→定理→理论结构→原则→标准"的审计理论结构模式。随后，审计职业界对审计理论体系或框架进行了多角度、多层面的探讨，形成了大量的研究成果。构建科学的审计理论框架，被认为是审计理论研究系统需要，是审计学科趋向成熟的表现。

2.2.1 审计理论逻辑起点研究

审计逻辑起点，要回答的问题是从哪里出发演绎整个审计的理论和实践，对该学科其他理论要素的建立和发展以及整个理论结构的构建起着基础性、决定性的作用。综观现有有关审计理论体系和框架研究文献，侧重从研究审计逻辑起点开始，构建审计基本理论框架内容，审计理论逻辑起点观点主要有审计假设、审计目标、审计环境、审计关系、信息认证、审计对象、审计动因、产权动因等。此外，有部分学者以二元论或三元论导向作为审计理论体系研究的逻辑起点，诸如以审计目标和假设作为逻辑起点；以审计本质和审计假设作为逻辑起点；以审计本质、审计目标和审计假设作为逻辑起点等。经整理，国内外审计理论结构研究的主要观点如表2－1所示。

表2－1　　　　　　国内外审计理论结构研究的主要观点

序号	逻辑起点	要素及关系	代表人物
1	哲学起点	哲学基础→假设→概念→应用标准→实际运用	Mautz、Sharaf
2	假设起点	假设、定理→结构→原则→标准	Schandl
3	目标起点	目标→公认审计准则→概念→假设→技术方法→过程 目标→假设→准则→程序→方法→质量特征	Anderson、Sullivan、李若山等
4	本质起点	本质→目标→假设→原则→准则 本质→目标→假设→概念→准则→程序方法→报告	蔡春、阎金锷、徐政旦等
5	动因起点	动因→主体、客体→主体客体关系→审计运行 为谁审计→凭什么审计→审计谁→审计完成怎么办	李金华、孙宝厚等
6	环境起点	审计环境→审计目标、假设→审计概念→审计原则→审计准则→审计程序→审计方法→审计报告	刘明辉等
7	产权起点	审计理论基础→审计基础理论→审计应用理论	陆勇等
8	多元起点	本质与目标→假设→概念→标准 本质与职能→审计研究环境（目标等）→审计实施环境（准则等）	Flint、Lee

有趣的是，这些基于逻辑起点的审计理论体系构建多是运用逻辑释义，抽象哲理分析方法建立，同时逻辑起点不具有操作性含义，因此很难采用经验研究论证和比较其科学性和合理性。同时，审计实践作为一种有价值的社会活动，在于其能够通过一定目标达成，从而为社会带来价值。从根本上说，审计理论的构建要达成的最主要目的是能够指导审计顺利开展和发展审计实践。因此，审计理论体系更应当具有实践性。基于此，本章构建国家审计理论体系采用在国家治理框架下定位国家审计，由此能够避免审计逻辑起点所带来的理论体系构建难点（王会金和黄溶冰等，2012）。

2.2.2　审计理论体系构成研究

从某种程度上说，关于审计理论体系或理论结构的研究，与其建立的逻辑起点紧密相关。审计理论体系是一种抽象的逻辑构架，按照不同的逻辑起点构建，形成不同的审计一般理论构成要素和审计理论体系。这些构成要素构成了审计一般理论中的研究内容（李若山，2005）。从审计理论体系构成来看，审计理论体系构成要素具有多元特征，不同学者持有不同观点。

2.2.2.1　二要素观点

审计理论体系的二元结构观点主张在审计一般定义的基础上，强调审计的实践应用学科性质，依据审计理论的地位和作用，将审计理论体系构成划分为基本理论和应用理论。审计基本理论主要涵盖审计目标、本质、假设、原则等基本定义和基本原理。审计应用理论主要涵盖审计实施达成目标的内容。在两者之间关系和审计各个组成理论构成上，不同学者之间仍持不同观点。如吴联生（2000）认为，审计基本理论决定审计应用理论，审计应用理论是审计基本理论运用的结果；审计应用理论主要体现在审计法律规范、审计准则规范和审计职业道德规范三个方面等。张兆国等（1999）则认为，审计应用理论包括对审计对象实施具体审计的理论和对审计主体实施有效管理的理论两大部分。

2.2.2.2 三要素观点

审计理论结构三要素观点在审计理论构成的二要素观点基础上，更加强调了审计学科自我发展演化的理论需求特征，体现在或对审计应用理论或对审计基本理论进一步细化分解。如冯均科（2002）认为，审计理论体系包括审计基础理论、审计应用理论和审计管理理论。陆勇和李文美（2006）以产权保护为导向构建的审计理论体系包括审计理论基础、审计基础理论和审计应用理论。

王会金（2002）则认为，审计理论体系由审计基础理论、审计应用理论和审计发展理论构成。其中，审计基础理论研究对象的一般性和普遍性；审计应用理论是审计基础理论在具体审计实践中运用的知识体系，或者说是关于处理具体审计工作时应遵循的原理、原则、程序和方法的知识体系；审计发展理论是回顾审计产生的历史，立足当今审计研究成果，展望审计未来的创新性审计理论。

2.2.2.3 多要素观点

审计理论体系多要素观点多依据审计具体行为对审计理论体系要素进行划分。如王汉民（1993）认为，我国审计理论体系由审计基础理论、审计系统结构理论、审计控制理论、审计测试理论、审计方法理论、专业审计理论和审计发展理论构成。周友梅（2007）认为，审计理论体系包括审计前提理论、审计使命理论、审计客体理论、审计主体理论、审计方法理论和审计资源理论。中国审计体系研究课题组（1999）认为，审计理论体系包括了审计动因理论、审计主体理论、审计客体理论、审计主客体关系理论及审计运行理论。徐政旦（2002）则构建了审计的经济权责结构、商业、科学技术等环境下的包括审计目标和审计假设等要素在内的动态的审计理论结构。

由以上不同审计理论体系观点可见，审计理论体系内容多是以审计行为及其实践特征为依据进行划分，但在具体划分上则不一致，划分体现出先验的主观判断，这也体现了这些理论体系构建过程中所采用的方法不同。廖洪（2002）则认为这些划分方法并不矛盾，并提出按照理论的地位和作用，审计理论分为审计基础理论和审计应用理论；按照理论的研究方法、理论的研究内容、审计的执行主体，审计理论均可以有不同的类别内容。

2.2.3　现有审计理论体系研究评述

总结国内外审计理论体系构建研究可见，审计是一门实践技术性学科，在强调审计实践的同时，要不断地根据审计实践，总结审计规律，唯有如此，方能不断推进审计的发展，因此审计理论体系具有时代性和实践性特征。这也体现在了审计理论体系的构建方法方面。阎金锷和林炳发（1996）认为，建立审计理论框架的方法和思路有运用历史逻辑的方法和按照形式逻辑的思维两种。与此类似，李若山（1995）认为，审计理论有被动根据审计实践而发展和概括审计活动规律、总结能够用以说明和指导审计实践的概念及准则的知识体系两种发展方式。其他学者如张兆国等（1999）、徐政旦（2002）等都强调了审计理论体系构建中要强调审计实践经验的总结认知。现有审计理论体系构建研究，大都是以注册会计师财务报表审计为对象展开的，在一般意义上提出审计理论体系内容，审计理论体系构成的因素包括审计目标、审计假设、审计环境等诸多因素。不同观点在具体审计理论体系构成上认识是不一致的，达成共识的是，审计理论体系是审计实践归纳而得，并且用于指导审计实践，并大都过多地强调了审计理论体系的逻辑起点，而理论体系整体实践指导性有待进一步提高。

如前所述，现有审计理论体系的建立多是以注册会计师财务报表审计为对象的，在不同审计业务，这种审计理论的内容、目的、基本概念等可以而且应当是不同的。区别于注册会计师审计和内部审计，国家审计是国家治理的重要组成部分，需要在审计目标、审计假设、审计对象、审计规范等基本概念和基本原理上，具有适应其本质的特殊性。比如，有关财务报表审计的审计假设通常假设财务报表的财务数据是可以验证的。具体在绩效审计时，可能的审计假设则为管理当局的陈述是可以验证的；国家审计的业务类型众多，如果面对的是环境审计，则可能的审计假设是与环境保护和环境管理相关的财政、财务数据以及节能减排数据是可以获取和验证的。同时，审计理论是对审计实践活动规律的高度概括，国家审计实践与财务报表审计实践存在显著差异，由此国家审计的理论内容、方法等具有其独特性。比如，环境审计风险与财务报表审计风险含义不同，其对审计计划工作的影响及其防范因此也不同。现今，国家审计实践不断丰富发展，其对于国民经济社会运行发挥的积极作用日益凸显，如何根据审计实践的发展构建国家审计理论体系，成为当前审计理论体系的前沿研究领域。

国家审计理论研究需要深入考察国家审计的国家治理重要组成部分的本质，构建的国家审计理论以充分体现国家审计实践发展的动态性、开放性，促进国家审计达成其目标任务，成为审计理论体系研究中亟待解决的问题。在中国制度背景下，总结归纳国家审计理论体系，对于指导中国审计发展和深化审计理论体系研究，无疑具有重要意义。

2.3 国家审计理论体系的分析框架

国家和国家理论是政治学研究的核心问题。国家是以维护秩序和国家安全为基本目的一个自组织系统（杨光斌和郑伟铭，2007）。1997 年世界银行报告正式提出国家治理理念，认为国家治理对于提高本国的国际竞争力具有重要意义，治理成为指导公共管理实践的一种新理念。实现善治是每一个国家发展的客观需要。为达成善治目标，国家治理的对象包括经济、政治、文化和社会等领域，强调政府职能和责任，行政事务管理中的社会参与，其实质在于通过协调不同利益代理人需求，推动公共利益的实现。国家实现其治理目标，需要投入一定的资源，资源的稀缺性特征使得资源的配置使用监督成为国家治理的必然要求。监督评价治理行为，并将这种监督和制约的信息传递给治理主体，能够协调治理主体利益，维护国家安全，促进国家治理创新。

国家产生的本质含义在于建立公权对私权的干预机制，分权是现代国家治理有效性的特征之一，从这一角度看，国家治理是国家的最高权威通过行政、立法和司法机关以及国家和地方之间的分权，从而对社会实施控制和管理的过程。作为社会中唯一执行公共权力的机构，政府在处理经济和社会事务方面具有权威性。公共权力既是维系公共秩序、实现公共利益的根本手段，又是侵害公众利益并导致公共秩序解体的重要根源，规范公共权力运作是政治秩序建构和维系的关键（何显明，2005）。公共权力异化也会导致政府自利性的利益渗透和过渡膨胀，使得政府和企业、社会、公民之间的界限不清。国家治理要求公共权力运用以上下互动、相互协调的方式配置和运作，通过协调不同利益代理人需求，推动公共利益的实现。因此，国家要实现治理目标，必须监督和制约权力，要解决信息失真问题、克服官僚化问题，国家还要保持高度的适应性和纠错能力。

治理目标导向、治理资源稀缺性，以及公共权力异化等国家治理冲突，使得国家审计自然成为国家治理重要组成部分，成为一个监督控制的自组织系统。国家审计通过对公共资金运用信息的审查评价，能够给予公共权力以适当约束，并审查评价作为保护者实施的国家行为的适当性，以促进国家治理水平的提高。从经济学的角度来看，国家审计发挥的是扮演信号显示和信息传递功能；从政治学的角度来看，国家审计发挥权力监督制约功能。国家审计承担着审查保护者剩余索取权获取的适当性、审查评价保护资源及其使用的适当性、审查保护者保护行为的适当性三项职责，在国家治理框架下，国家审计主要从规范治理主体行为、提供治理主体信息交流以及促进国家治理自我完善和创新三个方面发挥作用。从实现途径上看，是通过对具体运用公共资源提供国家治理服务的监督评价实现。国家审计在国家治理过程中与外界进行信息、能量交换，在发挥信号显示和信息传递机制功能、监督权力的同时，不断发展和完善审计方法技术，以适应国家治理变迁要求。

国家审计实践欲发挥功能，要在完善自身系统功能，提供监督评价服务的同时，不断适应调整满足国家治理的审计治理需要。审计理论体系是反映审计研究对象而形成的概念、范畴、判断、推理的体系，是一个具有层次性结构的系统。中国国家审计理论应当以指导国家审计充分发挥揭露、预防和抵御功能的国家审计实践为对象，满足国家审计治理需求，在其体系内容上应当包括指导自身系统完善的审计基础理论、发挥职能作用的审计应用理论和实现自我演化调整的审计发展理论（王会金和黄溶冰等，2012），如图 2 – 1 所示。

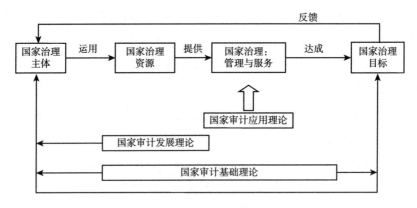

图 2 – 1　国家治理框架下的国家审计理论体系

2.4　国家审计理论体系论纲

中国国家审计实践发展表明，中国国家审计发展具有同西方国家审计发展相同的自然属性，同时具有中国特色。与国家治理实践发展相应要求的中国国家审计理论体系，包括国家审计基础理论、国家审计应用理论和国家审计发展理论。下面对该理论体系进行详细阐述。

2.4.1　国家审计基础理论

审计基础理论的研究任务或目的，是解决如何正确认识审计实践和从一般意义上组织审计实践活动所涉及的审计实践要素的基本性问题。国家治理目标具有多层次性、多维度特征。国家审计在提供满足国家治理需要监督控制服务时，应当依据自身专业技术优势，提供监督服务，为此需要解决一些基本性的原理、理论问题。国家审计基础理论是研究国家审计本质、一般规律或基本原理，探求能揭示国家审计实践普遍本质和发展规律的知识体系，主要研究在国家治理框架下，国家审计"是什么"的问题，定位于国家审计的系统功能分析，在国家审计理论体系中处于基础地位。

国家审计是国家治理的重要组成部分，国家治理规定了国家审计活动的基本方面和基本方面的主要内容。从系统论的角度看，国家治理即是投入运用公共资源、产生或提供国家治理服务、达成国家治理目标的过程。同时，国家治理是一个人为设计的主观能动过程，是一个追求善治为目标的动态过程，即是实现社会发展和公共利益最大化的过程。国家治理资源稀缺性是国家审计活动得以存在的根本前提。国家审计应当能够监督评价国家治理服务，防范和化解国家治理冲突，监督和制约权力运行，发挥对以公共资源运用载体的国家治理的预防、揭露、抵御功能。因此，国家审计基础理论首先应当解决的问题是国家审计治理产生的真实动因是什么、国家审计达成的目标应当是什么、由谁来执行国家审计、国家审计监督谁、如何开展基本的国家审计监督评价。因此，国家审计基础理论反映和体现国家审计满足国家治理要求的程度，直接决定国家审计开展水平和程度，决定着国家审计理论体系的水平。国家审计基础理论包括如下分支：

（1）国家审计动因和本质理论。有关国家审计动因的研究直接影响对国家审计本质的认识。从国家治理框架出发，国家审计制度安排是国家治理的内在的必然要求。这就要从理论上回答国家审计产生的真实动因是什么，在此基础上清晰地认识国家审计的本质，唯此方能搭建合理的国家审计理论体系。国家审计动因和本质理论主要研究国家治理视角下国家审计产生的主客观原因，国家审计概念和本质，国家审计职能、任务和作用等有关理论问题。

（2）国家审计目标理论。国家审计是国家治理的一个子系统，其存在的首要目的是满足国家治理系统功能要求，因此国家审计活动目标必须服务于和服从于国家治理目标，唯此方能体现国家审计的社会价值。国家审计目标理论主要研究国家治理系统的审计治理子系统功能要求，国家治理视角下国家审计目的与审计目标的关系，国家审计总目标、国家审计基本目标和国家审计具体目标等有关理论问题。

（3）国家审计主客体理论。国家治理可以看作在一个既定范围内维系所有部门秩序运转的正式和非正式的制度安排、组织形态和治理机制，以及它们之间的互动过程。从世界范围和中国国家治理来看，都正走向以政府、社会和公民为多元主体能动的合作治理时代。国家审计主客体理论主要研究国家治理视角下国家审计机构设置和内部管理，审计人员资格和素质条件，审计职业道德和法律责任，审计教育等有关理论问题，以及审计对象的若干理论问题，以在审计执行主体、审计对象确定两个角度规范审计治理行为，满足国家治理发展需求。

（4）国家审计程序和方法理论。国家审计程序和方法理论主要研究国家治理框架下的国家审计程序和方式手段，审计三要素（审计证据、审计依据和审计报告）及其相互关系等有关理论。

（5）国家审计规范理论。国家治理方式不仅强调上下互动的管理、正式的法律规章制度，还强调采用非正式的措施和约束机制。国家审计规范理论主要研究国家治理视角下国家审计假设、审计准则、审计法律、法规和规章制度等有关理论问题，以使得国家审计治理行为路径和规范能够满足国家治理发展需求。

（6）国家审计环境理论。国家审计是作为国家治理工具的一个自组织系统，同时是国家治理系统的一个子系统，其作用发挥、职能演变等都处于一个存在大量非线性相互作用、相互影响的社会复杂系统中。因此要充分研究国家治理视角下国家审计的产生、存在和发展所处的环境因素及其关系，如政治环境、经济环境、法律环境、文化环境和技术环境等，以刻画国家审计发挥治理功能的环境影响因素，从而促进识别国家审计自身发展、满足治理要求的外部和内部环境。

（7）国家审计管理理论。在国家治理中，不仅强调权力或权威、强制性，而且在管理事务方式上，同时更加强调在公共利益为基础上的治理主体之间的协商、谈判。国家审计管理理论主要研究国家治理视角下的国家审计计划管理、审计目标责任管理、审计业务管理、审计质量管理、审计风险管理、审计信息管理、审计人力资源管理和审计内部行政管理等有关理论问题。

2.4.2　国家审计应用理论

国家审计应用理论主要研究国家审计"做什么"的问题，定位于国家审计服务国家治理的逻辑分析。审计应用理论实际上是审计基础理论在应用研究与建设上的反应，通过对审计应用理论的研究，可以使审计基础理论问题的研究与审计实践的联系更加紧密。国家审计应用理论是审计基础理论在具体审计实践中运用的知识体系，介于审计基础理论和具体审计实践活动之间。

前文述及，国家审计服务于国家治理，在具体途径方式上是通过监督国家治理服务行为，提供国家治理服务鉴证评价信息来完成的。如何有效地开展对国家治理服务的监督评价是影响国家审计治理功能发挥的关键要素。有效地开展国家审计因此要涉及监督评价哪些国家治理服务，如何有效地组织监督评价等问题。国家审计应用理论实际上解决的就是这两个问题。新中国成立以来，中国的国家治理历经集权计划经济时代的国家全能主义治理、改革开放以后的效率优先治理、科学发展观以来的和谐社会治理以及党的十八大以来的人民至上治理，各个国家治理时期阶段，国家审计满足国家治理要求所需要提供的监督评价服务不尽相同，现时期，按照国家治理发展的要求，国家审计应用理论按照内容细分包括如下方面：

（1）财政审计应用理论。研究如何以规范预算管理、推动公共财政体制改革、促进建立公共预算和公共财政体系、保障财政安全、提高财政绩效水平为目标，通过构建财政审计大格局，统筹审计资源，全面提升财政审计的层次和水平。

（2）金融审计应用理论。研究如何以维护安全、防范风险、促进发展为目标，服务国家宏观政策，揭露经营管理中存在的重大违法违规问题及大案要案线索，揭示影响金融业健康发展的突出风险，从政策上、制度上分析原因，提出构建多元化金融体系，引导金融机构规范发展，强化金融服务实体经济发展的能力，促进其规范管理，提高竞争能力。

（3）国有企业审计应用理论。研究如何以维护中央国有及国有资本占控股地位或主导地位的企业国有资产安全、促进可持续发展为目标，监督国有资产安全，揭露重大违法违规问题，促进确保国有资产保值增值和企业的可持续发展。

（4）经济责任审计应用理论。研究如何以推动建立健全问责机制和责任追究制度为目标，推进省部长经济责任审计制度化，深化地厅级以下党政领导干部和国有及国有控股或主导地位的企业领导人员经济责任审计，推动中央单位内部管理的领导干部经济责任审计工作的开展，加强经济责任审计业务指导和督促检查。

（5）环境审计应用理论。研究如何以促进全面节约和高效利用资源、加快改善生态环境为目标，依法对土地、矿产、水资源、森林、草原、海洋等国有自然资源，以及环境综合治理和生态保护修复等情况进行审计，加大对资源富集和毁损严重地区的审计力度，对重点国有资源、重大污染防治和生态系统保护项目实行审计全覆盖，实现领导干部自然资源资产离任审计的常态化，推动加快生态文明建设。

（6）涉外审计应用理论。研究如何以防范涉外投资风险、维护涉外经济安全为目标，加强对国外贷援款项目的审计监督，适当开展对国家驻外机构的审计，积极探索对我国对外援助物资采购、工程建设、资金管理等方面的审计，积极探索对国有及国有资本占控股地位或主导地位的企业和金融机构境外投资及境外分支机构的审计。

2.4.3　国家审计发展理论

随着政治经济社会的发展，国家治理呈现不同的模式特点。适应不同国家治理模式，服务于国家治理能力提高的国家审计发展也因此呈现阶段性、时期性特征。国家审计发展理论主要研究国家审计"怎么做"的问题，定位于不同阶段、时期国家审计与国家治理互动良性人文分析。

国家治理是一个历史范畴。不同的国家治理时期、不同的国家治理模式、不同的国家治理目标，对于国家审计的要求不尽相同。国家治理是一个历史范畴，说明国家治理只有面向未来，面向日益复杂的治理环境和治理影响因素，不断优化治理环境，改善治理方式手段，提高治理效率，才能有效地达成国家治理目标。国家审计应着眼于服务国家治理，不断发展创新，唯有如此，方能促进国家审计治理的职能作用充分发挥。

国家治理的历史范畴特征，要求国家审计理论要着眼于解决国家审计发展历史经验的借鉴，以及面向未来的国家审计创新。国家审计发展理论体现了国家审计理论的历史性、继承性、连续性要求，同时国家审计发展理论具有引领国家审计理论体系发展前进的先进性、前瞻性特征，能够运用国际视野，实现审计理论和指导审计实践的自组织演化。

具体说来，国家审计发展理论的主要内容包括国家审计发展史理论和国家审计创新理论。国家审计发展史理论是回顾中外国家审计史，立足当今国家审计研究成果，展望国家审计未来的审计理论。通过着眼于对特定时空环境条件下的国家审计对于国家治理的需求满足是否能支持国家治理，对国家治理起到何种支持服务作用的历史分析，能够使得吸取足够的经验教训，从而促进国家审计和国家治理健康发展。国家审计创新理论主要研究国家治理视角下审计环境创新、审计理论和观念创新、审计体制创新、审计主体素质优化、审计内容创新和审计实务拓展、审计方法手段创新、审计管理创新等若干理论问题。

2.4.4　观点总结

审计理论体系是反映审计研究对象而形成的概念、范畴、判断、推理的体系，是一个有结构性的系统，能够为指导审计实践服务。审计理论体系研究一直受到审计理论界的重视，现有审计理论体系多是以注册会计师财务报表审计为对象构建，不能适应为指导国家审计实践服务。

中国具有与世界上诸多国家不同的政治和经济社会体制，国家审计发展道路具有鲜明中国特色，审计实践丰富多样独具特色。国家审计理论是通过对国家审计实践中客观的、合乎逻辑的规律加以概括、抽象而形成的完整的知识体系，以指导国家审计实践，并在审计实践中加以修正和完善。构建以充分体现国家审计实践发展的动态性、开放性的国家审计理论，促进国家审计达成其目标任务，成为审计理论体系研究中亟待解决的问题。基于国家审计是国家治理重要工具的本质观出发，本章尝试构建了一个基于国家治理框架的国家审计理论体系——包括国家审计基础理论、国家审计应用理论和国家审计发展理论。

其中，环境审计理论是国家审计应用理论的重要组成部分，宗旨是研究如何以落实节约资源和保护环境基本国策为目标，着力构建符合我国国情的资源环境审计模式，维护国家环境安全，发挥审计监督在推动生态文明和美丽中国建设中的积极作用。

| 第 3 章 |

环境审计推动绿色发展的治理机制

3.1 引　言

随着我国经济社会发展不断深入，生态文明建设地位和作用日益凸显。党的十八大把生态文明建设纳入中国特色社会主义事业总体布局，使生态文明建设的战略地位更加明确。绿色发展是以效率、和谐、持续为目标的经济增长和社会发展方式，是新时代生态文明建设的治本之策。我国正面临着经济社会快速发展和人口增长与资源环境约束的突出矛盾。在我国，生态破坏和环境污染已经接近自然环境所能承受的极限，为了使经济增长可持续，缓解巨大的环境压力，必须以环境友好的方式推动经济增长。

虽然绿色发展已经成为全社会的共识，但目前落实还存在不少障碍。首先是成本制约，虽然有相关政策的支持，但绿色发展所要求的工艺设备的投入往往数额巨大，企业面临严峻的融资和资金回收压力，这可能导致生产成本升高，市场竞争力削弱。其次是技术"瓶颈"，高能耗企业在生产低碳化产品和服务的过程中，技术工艺本身的突破与创新十分困难，即便是国际上领先的清洁生产技术，商业成熟度及其变革方向仍然是未知数。

除成本和技术方面的原因之外，思想观念方面的"认知障碍"被认为是制约绿色发展的最深层次的问题。现实中存在许多与绿色发展政策导向相悖的现象，一方面，中央决定、政府文件给出的节能减排的行政信号十分明显；另一方面，由于自身利益的驱动，不少地方和企业仍然我行我素，对国家的要求和规定置之不理。

许多案例研究认为企业运用环保思维所带来的好处——减少环境不利影响的同时节约了资金，但是客观现实是，并非所有的企业认为主动承担环境责任是一种行之有效的商业战略（Esty and Winston，2006）。眼前（现实）收益与未来（潜在）收益的冲突、确定性（惯例型）经营与不确定性（风险型）经营的冲突是企业绿色响应停滞不前的根本原因，企业承担环境责任的努力始终受制于观念、技术、成本、市场等各种不确定性。尽管外部监管能够维系企业承担节能减排责任的行为，但调查发现多数企业只是被动应付环境管制，且大多属于末端治理技术，而非在公司战略、生产管理、产品设计、制造工艺、物流环节主动贯彻绿色发展的思想。一些政府主管部门对于绿色发展工作的"轻视"，也加剧了企业绿色发展的"无视"或"短视"行为，由于政绩的需要，很多地方政府官员只是将绿色发展当作一种宣传口号，而非施政目标，在产业布局、结构调整等重大经济决策中，置国家政策和广大人民群众利益不顾，仍存在以牺牲资源环境为代价换取经济增长的惯性思维。

因此，与技术和资金方面的障碍相比，认知障碍是当前绿色发展中存在诸多问题的根源，只有通过合理的制度设计，解决从被动应付环境管制到主动履行环境责任的观念转变，才能推动我国环境保护工作的顺利开展。

3.2　复杂适应系统概述

复杂适应系统（Complex Adaptive System，CAS）理论是美国霍兰（John Holland）教授于 1994 年在圣塔菲（SFI）研究所成立十周年时正式提出的。该理论的核心思想是适应性造就复杂性，即 CAS 的复杂性起源于个体的适应性，由此可见，复杂适应系统更加强调复杂性的一个侧面——适应性。所谓具有适应性，是指单个主体能够与环境及其他主体进行交流，在这种交流的过程中"学习"或"积累经验"，并根据经验改变其结构和行为方式（范冬萍和黄键，2021）。

复杂适应系统理论的提出对于人们认识、理解、控制和管理复杂系统提供了新的思路。在微观方面，复杂适应系统理论最基本的概念是具有适应能力的、主动的个体，简称主体。这种主体在与环境的交互作用中遵循一般的刺激－反应模型，表现在它能够根据行为的效果修改自己的行为规则，以便更好地在客观环境中生存。在宏观方面，由这样的主体组成的系统，将在主体之间以及主体与环境的相互作用中发展，表现出宏观系统中的分化、涌现等种种复杂的演化过程。

霍兰围绕"适应性主体"这个最核心的概念提出了在复杂适应系统模型中的七种具体表现，分别是聚集、非线性、流、多样性、标识、内部模型和积木。其中前四种是复杂适应系统的通用概念，它们将在适应和进化中发挥作用；后三种则是主体与环境进行交流时的表现和概念（Holland，2006）。

小到物质分子结构、大到生物物种进化都可以看作一种复杂适应系统，尽管在不同领域中存在着众多的复杂适应系统，并且每一个复杂适应系统都表现出各自独有的特征，但随着对复杂适应系统认识的不断深化，人们发现它们具有四个方面的主要特征。

（1）基于适应性主体。适应性主体具有感知和效应的能力，自身有目的性、主动性和积极的"活性"，能够与环境及其他主体随机进行交互作用，自动调整自身状态以适应环境，或与其他主体进行合作或竞争，争取最大的生存空间和延续自身的利益。正是主体的适应性造就了纷繁复杂的系统复杂性。

（2）共同演化。适应性主体从所得到的正反馈中加强它的存在，也给其延续带来了变化自己的机会，它可以从一种多样性统一形式转变为另一种多样性统一形式，这个具体过程就是主体的演化。适应性主体不只是个体演化，而且是共同演化，共同演化是任何复杂适应系统突变和自组织的强大力量。

（3）趋向混沌的边缘。复杂适应系统具有将秩序和混沌融入某种特殊平衡的能力，它的平衡点就是混沌的边缘，即一个系统中的各种要素从来没有静止在某一个状态中，但也没有动荡到解体的地步。一方面，每个适应性主体为了有利于自己的存在和连续，都会稍稍加强一些与对手的相互配合，这样就能很好地根据其他主体的行动来调整自己；另一方面，混沌的边缘远远不仅是简单地介于完全有秩序的系统与完全无序的系统之间的区界，而是自我发展地进入特殊区界。在这个区界中，系统会产生涌现现象。

（4）产生涌现现象。涌现现象最为本质的特征是由小到大、由简入繁。涌现现象产生的根源是适应性主体在某种或多种毫不相关的简单规则支配下的相互作用。主体间的相互作用是主体适应规则的表现，这种相互作用具有耦合性的前后关联，而且更多地充满了非线性作用，使涌现的整体行为比各部分行为的总和更为复杂。在涌现生成过程中，尽管规律本身不会改变，然而规律所决定的事物却会变化，因而会存在大量的不断生成的结构和模式。一种相对简单的涌现可以生成更高层次的涌现，涌现是复杂适应系统层级结构间整体宏观的动态现象。

复杂适应系统理论从提出以来，经过20年的发展，已经发展成为一门新兴学科，是复杂性经济学和演化经济学的重要理论基础。作为一种具有普遍意义的方法论，复杂适应系统理论不仅为揭示自然现象之谜提供了一把理论钥匙，而且为探索复杂社会现象提供了可以洞见的自然科学规律，促进了自然科学和社会科学两大学科的合流。

美国乔治·梅森大学沃菲尔德（Warfield）教授在其专著《社会系统：规划、政策和复杂性》（*Societal Systems: Planning, Policy and Complexity*）中，首次应用复杂适应系统理论解释经济和社会发展问题，此后经济与社会系统复杂性方面的研究开始呈现百家争鸣之势。近年来的研究成果表明，经济系统中存在着大量的复杂性现象，从微观层面的企业战略、人力资源管理、生产过程、产品开发到宏观层面的可持续发展、产业结构演进、技术扩散以及金融市场等，都可以用复杂性理论来客观地分析和阐释其运行规律。

3.3　绿色发展的标识机制、内部模型机制和积木机制

绿色发展是由多部门、跨区域、多中心构成的一个复杂适应系统，主体涉及政府、企业和社会公众等，在这一复杂适应系统中，同样存在着复杂适应系统的标识机制、内部模型机制和积木机制（黄溶冰和赵谦，2010）。

标识机制：主体之间的聚集行为并非任意的，在聚集体形成过程中，始终有标识机制在起作用。当前，我国污染治理普遍存在着条块分割、各为其利、各自为战的局面，各地之间缺乏统一部署与综合管理，使环境问题的整治十分困难。因此，需要在绿色发展中建立责任共担、利益共享的新型公共组织关系。绿色发展中复杂适应系统的标识是：多部门、跨区域、多中心的主体皆享受了周边环境资源带来的直接或间接的外部性收益，按照权利义务对等原则，他们应当对绿色发展和污染治理承担责任；政府之间应该打破传统的区域层级观念，建立强调权力或资源相互依赖、开放和合作的新地方主义和一种健康和谐的政府间合作。

内部模型机制：内部模型是主体在适应过程中建立起来的，主体在接受外部刺激，作出适应性反应的过程中能合理调整自身内部的结构。具体地说，面临内外部治理机制所发布的绿色发展的刺激因素，各主体会根据战略目标和拥有的人、财、物、信息以及运行机制和制度情况，选择适当的绿色发展响应模式来安排其内部资源的配置方式和运行方式，必要时通过改变其内部结构规则来适应新形势的要求。

积木机制：基于规则的主体不可能事先准备好一个规则，使它能够适应所遇到的每一种情况。主体通过组合已检验的规则来描述新的情况，那些用于可供组合的活动规则就是积木，使用积木生成内部模型，是复杂适应系统的一个普遍特征。在推动绿色发展的过程中，主体在面临环境变迁时适时调整和改变的战略、文化、制度、流程、技术等，这些要素都是关于绿色发展复杂适应系统中的积木。

3.4 绿色发展的刺激－反应模型 及主体的适应性演化

在复杂适应系统中，主体主动与环境之间不断地相互作用，主体根据一定的规则对环境的刺激作出反应，这些规则以所谓"染色体"的方式存放在个体内部。它们在一定的条件下被选中并且被应用，这种选择既有确定性的方面（按一定的条件挑选），也有随机性的方面（按一定的概率选择）。如图3－1所示，刺激－反应模型是用来描述不同性能的适应性主体的统一方式，它说明了主体在不同时刻对环境的反应能力。这一模型主要包括三部分：一个探测器集合、If/Then 规则集合和一个效应器集合。刺激－反应模型的基本原理是：主体将探测器探测到的消息与规则集进行匹配，发现匹配的规则后可以直接激活效应器产生行动或激活另一个相匹配的规则。这一过程可以是一个循环的链式反应过程，为了对规则进行比较和选择，需要把假设的信用程度定量化，给每一个规则分派一个特定的数字，称为强度或适应度，修改强度的过程称为信用分配，信用分配实际上是向系统提供评价和比较规则的机制。主体执行上述探测—匹配—激活的反应过程也可以是并行的（范冬萍和何德贵，2018），即主体的多个规则同时参与刺激反应活动。这种"刺激→反应→检查效果→修改适应函数"的过程，多次反复进行，符合环境的"染色体"被复制遗传，不符合环境的"染色体"被淘汰放弃，并随着时间推移趋于消亡。主动个体之间的相互作用同样遵循刺激－反应模型，从而发展出吸引、排斥、资源交换、复制、结合等复杂的相互关系，形成新规则的积木，进而产生分工、分化，直到形成更高一层的主动个体，并导致整个系统结构的突变。

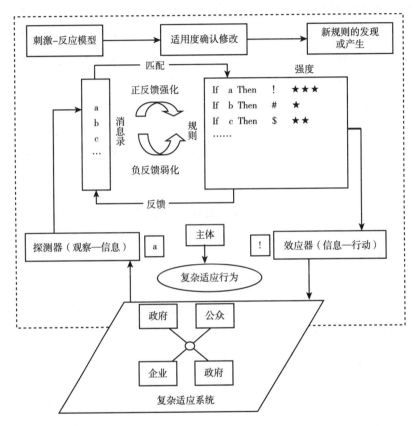

图 3－1　绿色发展的复杂适应系统

　　将环境审计作为规制工具，在绿色发展的复杂适应系统中，要生成主体主动履行绿色发展的适应性和学习行为，并递延遗传，需要两个方面的交互作用。首先，通过环境政策审计对绿色发展公共政策的合法性、有效性进行审计，提出优化、完善现有环境政策的建议，形成绿色发展绩效与主体生存发展具有正相关关系，主体追求政治绩效或财务绩效和承担环境责任并不矛盾的外部刺激。这一刺激因素，被主体的探测器采集，主体根据 If-Then 适用规则选择行动，反过来通过效应器作用于系统，并获得

"胡萝卜"性质的正反馈或"大棒"性质的负反馈，目的是使越来越多的主体意识到：主体的长期利益依赖于环境的可持续发展，绿色发展增加的并不仅仅是成本，而是未来的收益。其次，主体在学习基础上产生适应性行为，利用积木机制，组合战略、文化、制度、流程和技术形成绿色发展的新规则，具体如表 3 – 1 所示。即通过绿色经济责任审计，促进各级党政领导干部关注环境绩效的适应和学习行为；通过环保资金绩效资金审计，促进政府提供优质绿色发展公共产品的适应和学习行为；通过环境合规性审计，促进企业绿色发展社会责任遵从的适应和学习行为。新规则被作为一种主体标识固定下来，通过"染色体"复制和非线性作用，成为代表整个系统的共同基因，在"涌现"现象作用下，产生主体与环境和谐的新质。

表 3 – 1　　　　　　　　环境审计在绿色发展中的作用机制

项目	环境政策审计	绿色经济责任审计	环保资金绩效审计	环境合规性审计
审计对象	环境公共政策	各级政府党政领导干部和国有企业负责人	环境保护资金的筹集、分配和使用	企业经营活动
审计内容	绿色发展公共政策的有效性	领导干部在绿色发展中的直接责任与间接责任	绿色发展公共产品投向的经济性、效率性、效果性	企业绿色发展政策的遵循情况
审计主体	国家审计	国家审计、内部审计	国家审计	国家审计、内部审计、注册会计师审计
行为目标	绿色发展的监督和激励合约	绿色发展观的履职情况	提供优质环境公共产品	绿色发展社会责任遵从

综上，本章借助复杂适应系统理论，探索了适合我国国情的绿色发展审计治理模式。环境审计在推动绿色发展中的作用机制是作用于刺激 – 反应模型，促进主体主动履行减排责任的适应性和学习行为，生成绿色发展的新规则，并递延遗传。环境审计在绿色发展中的作用路径包括：通过环境政策审计，不断健全完善环境保护监督与激励合约；通过绿色经济责任审计，促进党政领导干部转变观念主动关注地区环境质量改善；通过环保

资金绩效审计，促进政府提供优质环境保护公共产品；通过环境合规性审计，促进企业环境保护的社会责任遵从。

3.5　环境审计在绿色发展中的治理机制

3.5.1　政策规制与环境政策审计

作为复杂适应系统中刺激－反应模型的信息发布端，环境治理政策规制既要考虑以"庇古税"为代表的行政手段，也要注重以"科斯定律"为代表的市场手段。环境政策审计的功能是不断完善针对主体的绿色发展响应的刺激信号，并通过法律、行政和市场手段强化符合预期的适应性和学习行为。

从 21 世纪初至今，在引进、消化和评价的基础上，我国学者对政策科学的认识经历了从无到有、从隐性到显性、从被动接受到主动研究的过程。尤其是政策过程理论，对我国公共政策的研究带来了很大影响，政策过程理论把公共政策过程划分为政策制定、政策执行、政策监控、政策评估和政策终结五个阶段。一方面概括出公共政策从产生到终结的各个动态运行环节，另一方面也分析了各个环节应该发挥的具体功能。在绿色发展中，中央和各级地方政府制定的环境政策形成了一个政策链，绿色发展政策的运行成为一个动态过程，政策制定、政策执行、政策监控和政策终结等环节，都需要有政策评估为其提供判断依据。绿色发展政策制定者在设计和选择政策方案时总是带有一定的预测性，在实际付诸实施时，即使设计完美的绿色发展政策也难免受到各种不确定因素的影响和冲击。因而，不仅在绿色发展政策制定时需要对各种政策方案进行比选，而且在绿色发展政策付诸实施后也需要用科学的方法对政策执行过程、效果及其影响进行评估。

从国际范围上看，越来越多的最高审计机关（SAI）在它们的能力组合中加入了一个新角色，就是通过公共政策评估帮助国会或总统决定哪些政府计划和政策仍然是重点，哪些需要改进，哪些在新形势下已经不再适用。美国审计署（GAO）自 20 世纪 70 年代开始逐渐走向政策评估的时代，尽管该机构依然是联邦政府合并财务报表的主要审计机构，但财务审计占其工作量的不足15%，GAO 的大部分工作是负责对联邦政府进行业绩审核、项目评估、政策分析等，每年在此方面提供给国会的研究报告和证词达到 1 000 多份（GAO，2010）。

政策评估的本质，仍然是一种政策活动，除了为决策者服务外，也在进行资源的再分配以及决定由谁合理地得到什么，其主要意义在于分配社会的基本财物（House，1980）。在绿色发展中，环境政策审计（或专项审计调查）的具体审计对象包括污染控制政策、财政政策（国债、转移支付及补贴政策）、税收政策（排污费及碳税政策）、金融政策（绿色信贷政策等）、技术创新政策、产权政策（总量控制下排污权的初始分配与有偿转让）、价格政策（BOT、TOT 的价格机制）以及环境会计政策等。审计人员通过调查国家环境法律、法规、规章和制度的执行情况，开展绿色发展的公共政策评估，提出建议，并以适当的机制反馈给政策制定主体，作为公共政策延续、改进或终止的重要依据，为制定和完善高价值环境政策提供建议。

3.5.2 府际治理与绿色经济责任审计

府际关系包含上下级政府间的纵向关系和同级政府间的横向关系。在府际横向关系上，存在着竞争和合作两种形态。描述政府间竞争的理论模型包括：地方支出纯理论模型（Tiebout，1956）、毁灭性竞争模型（Kenyon and Kincaid，1991）以及竞争性政府一般模型（Breton，1996）等。实际上，在上述模型中，无论是对政府间竞争持乐观态度还是悲观态度，过度竞争影响效率都是一个共识。绿色经济责任审计将绿色发展的主体看作具有相对独立经济利益且拥有充分经济活动自主权的"经济人"，将政府、部门和国企领导人作为环境保护的问责对象，通过设立科学合理的评价指标体系，促进绿色发展府际合作的适应性和学习行为。

随着公共管理理论的发展，各国学者越来越意识到政府间关系的重要性。府际治理正发展成为一种新型地方政府间组织关系，府际治理被认为具有如下特征：以问题解决为焦点；注重政府间在信息共同分享、共同规划、一致经营方面的协力合作；强调公私部门的混合治理模式。正如加拿大著名政治学家戴维·卡梅伦所言："现代生活的性质已经使政府间关系变得越来越重要，不仅在经典联邦国家，管辖权之间的界限逐渐在模糊，政府间讨论、磋商、交流的需求在增长，就是在国家之间，公共活动也表现出这种倾向，多方治理的政府间活动变得越来越重要了。"①

绿色发展需要区域合作行为，但由于行政体制分割和地方利益作祟，极容易产生各方治理的"囚徒困境"，并导致"公地悲剧"问题的发生。在绿色发展中，由于各参与方经济社会发展的不平衡导致环境目标具有很大差异性，机会主义行为时常发生。传统的考评机制过分强调经济增长而忽视环境保护，在地方官员的晋升竞赛中，各级政府党政领导都希望在任期内将 GDP 指标搞上去，而把节能减排、污染治理问题留给下一任，甚至在产业结构的淘汰与升级中，保护地方的高能耗、高污染产业，将排放成本交由整个地区或者流域共同承担。要根治跨界排放、跨界污染问题，必须建立新型考评机制和晋升机制，首先是要解决各级领导干部的意识形态问题，通过将受托环境责任落实到人，要求在履行经济发展责任的同时承担绿色发展责任，强调经济增长的质量，关注绿色 GDP，开展以区域协同减排为导向的多方治理和多中心治理。

审计环境是影响审计制度构建与创新的决定因素，包括政治环境、经济环境、法律环境、社会环境、文化环境等。在绿色发展背景下，随着政治环境、经济环境、社会环境、法律环境的变迁，受托责任审计关注的重点也应该更加"绿色化"，并不断调整和充实。

（1）绿色经济责任审计的政治环境分析。作为民主政治的产物，责任

---

① 　陈瑞莲. 区域公共管理导论［M］. 北京：中国社会科学出版社，2006.

政府目前已成为世界各国政府治理的普遍理念，责任政府的操作层面是政府责任，而政府责任的主要代理人是党政领导干部，政府责任的履行情况依赖于党政领导干部的"责任"和"忠诚"。作为政府责任监督体系的重要组成部分，审计在政府责任机制中发挥着重要的作用（刘力云，2005），党政领导干部受托责任涵盖了直接责任和间接责任两方面的内容，是对所有直接导致或间接影响经济后果的行为承担责任，而不仅仅是因直接参与经济活动而产生的责任。由于政府所从事的社会管理和公共服务活动是非盈利的，决定了党政领导干部履行的是一种公共责任和社会责任，评价党政领导干部的受托责任不能仅仅考虑 GDP 等经济发展指标，更要注重经济效益、社会效益与环境效益的协调统一，考虑绿色 GDP 等综合发展指标。绿色发展是党政领导干部应该承担的受托责任，这就要求对政府责任的代理者干预环境污染行为，发展绿色经济，实现节能减排，建设美丽中国的"责任"和"忠诚"情况进行检查和评价。

（2）绿色经济责任审计的经济环境分析。经济活动和环境质量之间存在极强的因果关系。环境作为能够提供一系列服务的复合型资产，为经济发展提供了可以通过生产过程转化为消费品的原材料以及使这种转化得以顺利运行的能量，最终这些原材料和能量以废料的形式又返回给了环境。一旦不合理的经济活动导致污染废弃物排放超过了环境容量，必然会产生环境资产的减值和损耗，这种损耗往往不可逆转，并反过来限制和约束经济增长。在我国经济高速增长对资源和环境的压力与日俱增的现实情况下，环境成本是经济良性增长的重要边界，保护环境就是保护生产力。作为宪法赋予独立地位的综合性经济监督部门，维护国家生态安全，保障国家利益、推进民主政治、促进全面协调可持续发展是国家审计监督的重要职责。在党政领导干部受托责任审计中，关注环境治理，加强资源环境与经济社会和谐发展的监督力度，对领导干部的评价不简单地以速度论英雄，而是将经济发展的结果与形成当前结果付出的生态环境代价进行对比分析，以判断发展是否具有持续性，有助于使领导干部受托责任审计在宏观层面上、在更高层次上发挥建设性作用。

（3）绿色经济责任审计的社会环境分析。当今社会和政府的运作都存在于公共受托责任关系中，社会公众作为终极委托人，赋予各级政府、国有企业党政领导干部参与公共政策制定，分配和使用公共资源的重要决策权，同时对公共受托责任提出了要求。党政领导干部所承担的是一种"公共受托责任"，表现为应按照法律规定取得公共资源、合法并经济有效地使用公共资源，从而最大限度地提高公共福利。这就是广泛存在于政府及其管理当局与社会公众之间的公共受托责任，这种公共受托责任的界定和解除拓展了受托责任审计的领域。良好生态环境是最普惠的民生福祉。发展经济是为了民生、保护生态环境，同样也是为了民生、建设美丽中国，提供更多优质生态产品以满足人民日益增长的美好生态环境需要，是新时代中国共产党始终把人民放在心中最高位置，始终全心全意为人民服务，始终为人民利益和幸福而不懈奋斗的必然选择，进而也产生开展绿色经济责任审计的需求。

（4）绿色经济责任审计的法律环境分析。《中华人民共和国环境保护法》规定："地方各级人民政府，应当对本辖区的环境质量负责，采取措施改善环境质量。"但长期以来由于受地方保护主义以及经济利益的驱动，有些地方政府和主管部门并没有坚持"环境与经济社会协调持续发展"的环境保护法立法基本原则，重开发、轻保护，先污染、后治理，在进行重大经济发展规划和生产力布局时不进行环境影响评价；个别地方政府甚至知法犯法，作出明显违反环境法规的经济发展决策；有些领导干部环境法治观念淡薄，以言代法、以权代法，对企业违反环保法规、造成严重环境后果的行为听之任之，甚至帮助企业逃避法律制裁……随着受托责任审计的结果在了解考察和监督管理领导干部中的功能日益重要，其在加强环境管理方面也应该发挥更积极的作用，审计机关有责任对党政领导干部在环境保护方面的经济决策和政策执行情况开展审计监督和专项调查。

综上所述，对党政领导干部开展绿色经济责任审计，是审计环境变化导致的审计活动的发展与创新（黄溶冰等，2010）。我国于 2015 年开始领导干部自然资源资产离任审计的探索和实践，未来需要进一步加大领导干部自然资产离任审计与经济责任审计的一体化工作格局（黄溶冰等，2022）。在绿色发展中，开展绿色经济责任审计有助于将单位 GDP 能耗以及跨界污染控制纳入考核指标，合理分配其权重，改变过分强调 GDP 增长率的传统绩效考评方式。通过审计监督与问责反馈相结合，促进政府和国有企业转变经济发展（经营）模式，推动生态文明建设，调动各级政府及国有企业绿色发展的主动性和积极性。

3.5.3　环境公共投资与环保资金绩效审计

由于环境污染治理设施的建设运营具有"负外部性"，社会成本大于私人成本，政府成为环境公共产品的主要供应者。按照公共财政理论，在市场经济条件下，列入政府支出的事项大多属于社会公共需要的层次，主要是为社会提供难以按市场原则提供的公共商品与服务。正是在这一意义上，财政成为公共财政，政府支出用于社会"公共"方面成为"公共财政"下政府支出的基本方向。环保资金绩效审计是对政府绿色发展公共支出是否经济有效进行审计监督，利用透明的审计结果公告制度，接受包括全体纳税人在内的社会公众监督，达到努力提高绿色发展公共资金的使用效益，以有限的资源最大限度地提供高质量的环境公共产品和服务的适应性和学习行为。

公共财政的性质表明，政府环境公共支出目的是满足公众的社会福利需要，其资金来源是公众所付的税金。从经济学角度来看，税收是"政府与纳税人之间的交易"，双方形成了一种契约关系，公众付出税金，由政府提供环境公共产品，以满足公众的需要。在这一关系中，政府只是处于受托的地位，而委托人及最终消费者则是公众，显然，公众有理由对政府提供绿色发展环境公共产品的质量和效率给予足够的关注。纳税人有权对税款的最终用途，以及政府对税款的使用情况进行监督（黄溶冰和李玉辉，2009）。政府不能将税款用于与纳税人利益无关的活动与事项，当然也不能浪费或贪污纳税人缴纳的税款，纳税人有权要求国家财政充分运用各种宏观调控手段解决环境污染等市场失灵问题，实现资源的优化配置，不断增进社会福利，促进经济社会的协调发展，较好地满足各个阶层纳税人生存与发展的需要。

国家审计是接受公众委托对政府管理者承担的公共受托经济责任进行的经济监督行为。"公共责任"一词在正式文件中最早提出于 1985 年最高审计机关亚洲组织通过的《关于公共会计责任指导方针的东京宣言》。该宣言指出："公共会计责任是指受托经管公共资产的人员或当局有责任报告对这些资产的经管情况并附有财务、管理和计划项目方面的责任。"公共责任的要求及其发展决定着国家审计职责的目标层次递进，传统的仅以保证公共资产真实、合法为内容的公共责任已不能满足公众的需要，国家审计的目标也从单一的真实性、合法性审计，发展到真实性、合法性审计与经济性、效率性和效果性审计相结合的多目标审计，并逐步发展成为以绩效审计为主的现代审计。

目前，用于绿色发展的公共财政资金包括：环保部门征收的排污费、科技三项费和环境保护事业费，利用土地转换等方式筹集的节能减排建设资金，建设部门征收的污染处理费，国家财政拨入和地方自筹的绿色发展专项资金以及其他资金等。环境保护资金绩效审计通过找出影响绿色发展资金效益型指标的各项主客观因素，因地制宜地提出审计建议，促进绿色发展资金的节约、科学、有效使用，进而实现政府绿色发展资金运用的良性循环。

3.5.4　企业环境责任遵从与环境合规性审计

企业应对环境和社会责任问题的方式，分别有对抗哲学（Reaction Philosohpy）、防御哲学（Defense Philosophy）、适应哲学（Accommodation Philosophy）和先动哲学（Proaction Philosophy）四种类型（Carrol，1979）。环境合规性审计的目的是对企业披露的环境责任响应和履行情况予以审计鉴证，使承担绿色发展责任的企业能够被利益相关者关注，增加企业商誉，进而获取行业资源，实现环境绩效和经济绩效的统一，促进企业绿色发展先动哲学的适应性和学习行为。

开展环境合规性审计的理想模式是由利益相关者群体委托独立的第三方——注册会计师，对企业披露的环境责任履行信息进行审计，完成审计报告并提交利益相关者群体。注册会计师审计的对象是企业的财务报表中合并披露的环境信息或社会责任/环境报告中独立披露的环境信息（黄溶冰和储芳，2021），尤其是重点审查、评价企业在杜绝环境污染公害，减少资源浪费，使用清洁能源、提高能源利用水平，提升产品绿色程度等方面管理控制措施的有效性和相关信息披露的真实性、公允性等，遏制企业的"漂绿"行为（黄溶冰和赵谦，2018）。

除注册会计师之外，内部审计师也可以参与企业的环境合规性审计。内部审计参与审计监督的目的是向企业管理者提供"增值"服务。按照国际内部审计师协会（IIA）对增值型内部审计的要求，内部审计是一种独立、客观的确认和咨询活动，旨在增加价值和改善组织的运营。它通过应用系统的、规范的方法，评价并改善风险管理、控制及治理过程的效果，帮助组织实现其目标。内部审计部门在审计委员会的指导下开展工作，对企业经营管理活动中的环境保护责任履行情况进行评价，企业应根据实际情况，成立以主要负责人（厂长、经理）为组长，各有关职能部门负责人为成员的环境保护工作领导小组和日常管理工作机构，明确公司所属各有关单位在环境保护中的主要管理职责，形成环境保护组织管理体系。审计监督的目的是将各部门、各单位环境保护职责履行情况纳入审计范围，监督环境保护规章制度的遵循性（黄溶冰，2012a）。主要关注以下内容：

一是审计环境保护主管部门职责的履行情况。审查环境保护主管部门是否构建了完整的环境保护规划和计划管理体系；是否建立健全了包括环境保护指标、工艺技术、管理职责、合理化建议、奖惩制度等为主要内容的考核办法；各基层责任单位是否建立了产品能源消耗定额、废弃物排放标准，是否建立和明确了公司、职能管理部门、基层单位三级环境保护统计体系。

二是审计环境保护指标任务的完成情况。对照环境保护主管部门下达的水、电、气等环境保护考核指标,逐项逐年核实子公司、分厂或车间的实际完成数据,并对环境保护措施与指标数据进行关联分析,客观评价各项指标任务的完成情况。

三是审计环境保护资金的使用情况。审查环境保护专项资金预算编制是否合理,使用范围是否符合规定,特别关注有无存在挤占、挪用情况,资金使用审批程序是否完整,客观评价环境保护资金使用的规范性。

四是审计环境保护项目的实施情况。对所属单位实施的节能降耗、清洁生产等新建或技改项目从立项程序、招投标、工程结算等环节进行审查,并通过项目实施前后相关数据的比较分析,客观评价环境保护项目实施的效益性。

五是环境保护的内部控制审计。评价企业在环境保护方面相关的战略规划、制度执行和运行表现;评价已识别的环境风险是否充分,找出未被风险管理系统识别和控制的潜在风险,确保剩余风险在企业承受的风险阈值范围内;对企业环境保护内部控制设计的有效性和执行的有效性进行评估,找出环境保护内部控制方面的弱点和缺陷,并对存在的薄弱环节提出建议和咨询意见,从而帮助企业管理层改善绿色发展社会责任履行的质量。

第 4 章

环境审计推动绿色发展的演化模型

4.1 引　　言

　　企业是排污和治污的主体，也是污染防治的基本社会单元。审计作为一项独立的经济监督活动，是参与企业内部和外部治理的重要制度安排，内部审计、外部审计（国家审计和注册会计师审计）在遏制企业漂绿、推动绿色发展中各自承担着不同的功能作用（黄溶冰和赵谦，2018）。

　　内部审计：企业绿色发展的制度安排可通过内部审计的确认和咨询活动得以整合。在咨询方面，随着受托责任的拓展，为避免环境机会主义行为对公司造成重大损失，董事会应积极参与战略管理过程，并将内部审计主导的战略审计作为董事会的治理工具，使符合股东和其他利益相关者长期利益的战略被合理制定和有效执行。在确认方面，内部审计应在全公司范围内开展环境伦理审计，确保公司内部经营和对外报告符合企业公民的伦理要求。同时，内部审计部门应加强与企业环保部门的合作，明确企业环境管理中的主要风险点和关键控制点，在内部持续监督中不断完善相关内部控制制度。

　　国家审计：国家审计是国家治理的重要组成部分，在推进绿色发展的进程中，国家审计一方面通过公共政策跟踪审计，对地方政府和国有企事业单位贯彻落实国家环境保护政策措施的具体部署、执行进度与实际效果进行审查，及时发现和纠正"上有政策、下有对策"，有令不行、有禁不止行为，加大重大环境违纪违法等问题的揭露和查处力度，促进政令畅通。另一方面通过开展绿色经济责任审计，实行环境保护责任一票否决，对于地方党政领导干部和国有企业领导人因环保责任履行虚化、弱化，导致资源严重浪费、给国家环境安全造成重大影响、给人民群众利益造成重大损害的，可对其执政期间（包括调任、离任乃至退休之后）承担的主要领导责任进行问责、追责。通过国家审计的威慑、监督和约束，促进地方党政领导干部树立正确的政绩观，进而"倒逼"和强化辖区内企业的节能减排和绿色发展。

注册会计师审计：第三方鉴证是解决信息不对称问题的重要手段。我国大部分企业发布的社会责任报告或环境报告，仍缺乏第三方机构的审验。对于上市公司而言，确实需要加强环境信息披露，但同时更需要加强针对这类信息披露的审计。在环境信息披露中，最重要的不是披露了什么，而是没有披露什么以及披露的真实性如何。为解决这类信息不对称问题，需要在规范企业环境报告制度、探索统一的环境绩效指标的基础上，委托会计师事务所对环境报告的内容进行鉴证，建立和完善适合我国国情的企业环境审计指南、收费标准与执业条件。

在上述制度安排中，两个十分重要的环节是信息鉴证和监督处罚机制，本章利用演化模型对环境审计推动绿色发展的实现机制进行数理分析。

4.2　模型构建

依据刺激－反应模型，在绿色发展中，要生成主体主动履行环境责任的适应性和学习行为，需要有两方面的保障：一方面是信息的采集；另一方面是奖惩的反馈。通过构建两个参与人、三种情境的博弈模型，从审计报告的介入权和审计处罚机制出发，分析环境审计作为一种治理工具在绿色发展中的功能实现。

在环境审计和环境监管中考虑三种情境：情境 1，环境监管者有权介入公司的环境审计报告，对环境未达标的处罚独立于公司的行为；情境 2，环境监管者无权介入公司的环境审计报告，对环境未达标的处罚同样独立于公司的行为；情境 3，环境监管者有权介入公司的环境审计报告，但对环境未达标的处罚会根据公司为避免污染所作出的善意努力而减轻。监管者审计报告介入权的影响通过情境 2 与情境 1 的对比来实现；有条件处罚机制的影响通过情境 3 与情境 1 的对比来实现（黄溶冰等，2014）。因此，情境 1 属于基准模型。

4.2.1　基本参数和策略

为简便起见，假设环境审计能够发现公司绿色发展责任履行中的内部控制薄弱环节（以下简称"未达标"），发现问题后，公司可以及时采取纠正措施解决问题，同样，我们假设审计人员不会误判公司环境未达标的情况。

假设公司环境达标的概率为 β，实施环境审计的概率为 α。在环境监管中，监管者可以采取三种不同的监管策略：（1）介入公司的环境审计报告，并进一步决定相应的审查政策，概率为 δ_1；（2）不介入公司的环境审计报告，独立进行审查，概率为 δ_2；（3）不介入公司的环境审计报告，也不独立进行审查，概率为 δ_3。在监管策略（1）中，ρ_1 代表监管者在公司实施环境审计后进行审查的可能性，ρ_2 代表监管者在公司未实施环境审计情况下进行审查的可能性。

为了便于建模，术语如表 4-1 所示。

在所有的情境下，公司的目标是将环境不达标的预期总成本（消除排放损害、接受处罚的成本）和环境审计的预期成本最小化。监管者的目标是最小化以下预期成本：（1）介入公司环境审计报告的成本；（2）独立审查的成本；（3）因环境不达标而造成的未发现环境损害的成本。

表 4 – 1　　　　　　　　　　　　　　术语

参数	含义
β	公司环境未达标的概率
C_f	公司实施环境审计的成本
C_0	在审计前提下的清污成本
D_f	在不审计前提下的清污成本
V_0	无条件处罚机制下企业面临的处罚（仅适用于情境3）
V_a	有条件处罚机制下企业面临的处罚
C_r	监管者的审查成本
K	监管者的介入成本
D_r	监管者对环境损害成本的估值
α	公司实施环境审计的概率
δ_1	监管者介入的概率
δ_2	监管者不介入、独立审查的概率
δ_3	监管者不介入、不审查的概率
ρ_1	假如介入，在公司已经审计的前提下，监管者审查的概率
ρ_2	假如介入，在公司未经审计的前提下，监管者审查的概率
γ	假如无法介入，监管者审查的概率（仅适用于情境2）

4.2.2　情境 1 下的预期成本（监管者介入，无条件处罚）

引理 1　如果公司进行了环境审计，监管者介入公司的审计报告时，监管者并不审查，即 $\rho_1 = 0$。

通过审查公司的环境审计报告，监管者获知没有发现违规的情况或者已经发现但是已经完善了内部控制制度，这时公司已经符合绿色发展的要求，监管者再作任何额外的审查只是增加了额外的成本 C_r，而不会带来任何收益，这是多余且无效率的。因此，监管者并不审查。

假如监管者在公司已经进行审计并取得了环境审计报告的情况下不进行审查，那么监管者三种策略的预期成本如下：

（1）介入公司的环境审计报告。

$$ER\mid s_1 = \alpha K + (1-\alpha)[K + C_r\rho_2 + \beta D_r(1-\rho_2)]$$
$$= K + (1-\alpha)[C_r\rho_2 + \beta D_r(1-\rho_2)] \quad\quad (4-1)$$

（2）未介入公司的环境审计报告，进行了审查。

$$ER\mid s_2 = C_r\alpha(1-\beta) + C_r\alpha\beta + C_r(1-\alpha)(1-\beta) + C_r(1-\alpha)\beta$$
$$= C_r \quad\quad (4-2)$$

（3）未介入公司的环境审计报告，未进行审查。

$$ER\mid s_3 = \alpha(1-\beta)(0) + \alpha\beta(0) + (1-\alpha)(1-\beta)(0) + \beta D_r(1-\alpha)$$
$$= \beta D_r(1-\alpha) \quad\quad (4-3)$$

$ER\mid s_j$ 是监管者的预期成本，其前提是监管者实施了 s_j 策略。例如，$ER\mid s_1$ 由三个因素组成：介入成本（K），预期的审查成本（$(1-\alpha)\rho_2 C_r$），预期的未发现的污染造成的损失（$(1-\alpha)(1-\rho_2)\beta D_r$）。

δ_j 代表了监管者使用 s_j 策略的可能性，监管者预期成本可表示如下：

$$ER = \delta_1 K + \delta_1(1-\alpha)[K + C_r\rho_2 + \beta D_r(1-\rho_2)]$$
$$+ \delta_2 C_r + (1-\delta_1-\delta_2)\beta D_r(1-\alpha)$$
$$= \{\delta_1 K\} + \{[\delta_1(1-\alpha)\rho_2 + \delta_2]C_r\} + \{\delta_1[(1-\rho_2)$$
$$+ 1 - \delta_1 - \delta_2](1-\alpha)\beta D_r\} \quad\quad (4-4)$$

式中，第一个括号代表预期的介入成本，第二个括号代表预期的审查成本，第三个括号代表未发现的环境损害的预期成本。

公司实施环境审计的预期成本以 b_1 表示，不审计的预期成本以 b_2 表示：

$$EF\mid b_1 = C_f + \beta C_0 + \beta\delta_1 V_0 + \beta\delta_2 V_0 \quad\quad (4-5)$$
$$EF\mid b_2 = \beta[\rho_2\delta_1(D_f + V_0) + \delta_2(D_f + V_0)] \quad\quad (4-6)$$

$EF\mid b_i$ 代表公司的预期成本，例如，$EF\mid b_1$ 由四个要素组成：审计成本（C_f），预期的清污成本（βC_0），监管者介入公司环境审计报告的预期处罚（$\beta\delta_1 V_0$），监管者不介入公司环境审计报告但独立审查的预期处罚

$(\beta\delta_2 V_0)$。

以 α 表示开展环境审计的可能性，则公司的预期成本可表示为：

$$EF = \alpha(C_f + \beta C_0 + \beta\delta_2 V_0) + (1-\alpha)\beta[\rho_2\delta_1(D_f + V_0) + \delta_2(D_f + V_0)]$$
$$= \{\alpha C_f\} + \{\alpha\beta C_0 + (1-\alpha)\beta(\rho_2\delta_1 + \delta_2)D_f\}$$
$$+ \{\beta V_0[\alpha(\delta_1 + \delta_2) + (1-\alpha)(\rho_2\delta_1 + \delta_2)]\} \qquad (4-7)$$

式中，第一个括号代表预期的审计成本，第二个括号代表预期的清污成本，第三个括号代表预期的处罚。

4.2.3　情境 2 下的预期成本（监管者不介入，无条件处罚）

在情境 2 下，公司可以审计或者不审计，监管者可以审查或者不审查，我们用 α 和 γ 分别表示公司开展环境审计和监管者审查的概率。

监管者的预期成本表示为：

$$ER = \gamma C_r + (1-\gamma)(1-\alpha)\beta D_r \qquad (4-8)$$

式中，监管者的预期成本由两个因素组成：审查的预期成本（γC_r）和发现污染的预期成本（$(1-\gamma)(1-\alpha)\beta D_r$）。

公司的预期成本表示为：

$$EF = \alpha(C_f + \beta C_0 + \beta\gamma V_0) + (1-\alpha)\beta\gamma(D_f + V_0)$$
$$= \{\alpha C_f\} + \{\alpha\beta C_0 + (1-\alpha)\beta\gamma D_f\} + \{\beta\gamma V_0\} \qquad (4-9)$$

式中，公司的预期成本由三个因素组成：预期的审计成本（αC_f），预期的清污成本（$\alpha\beta C_0 + (1-\alpha)\beta\gamma D_f$），预期的处罚成本（$\beta\gamma V_0$）。

4.2.4　情境 3 下的预期成本（监管者介入，有条件处罚）

在情境 3 下，对环境不达标行为的处罚可根据公司善意治理污染措施的努力而减轻。假如公司环境不达标，监管者通过独立审查发现了不达标情况，公司面临 V_0 的处罚。然而，假如公司开展环境审计并完善了相关内部控制制度，那么监管者就会作出 V_a 的处罚，$V_a < V_0$。

因为处罚是针对公司的，有条件的处罚机制对监管者的预期成本不会产生影响，监管者的预期成本仍可以用式（4-4）来表示。但是公司的预期成本在变化，这取决于公司是否进行环境审计，用公式表示如下：

$$EF \mid b_1 = C_f + \beta C_0 + \beta \delta_1 V_a + \beta \delta_2 V_a \qquad (4-10)$$

$$EF \mid b_2 = \beta [\rho_2 \delta_1 (D_f + V_0) + \delta_2 (D_f + V_0)] \qquad (4-11)$$

公司预期成本可以通过下面公式得到：

$$EF = \{\alpha (C_f + \beta C_0 + \beta \delta_1 V_a + \beta \delta_2 V)\} + \{(1-\alpha)\beta [\rho_2 \delta_1 (D_f + V_0) + \delta_2 (D_f + V_0)]\}$$

$$(4-12)$$

式中，第一个括号是指公司进行环境审计的预期成本以及可能面临的处罚 V_a，第二个括号是指公司不进行环境审计的预期成本以及由此导致的处罚 V_0。

4.3　均衡分析

4.3.1　情境1的均衡分析（监管者介入，无条件处罚）

命题1　监管者介入公司的环境审计报告、无条件处罚的机制下，存在如表4-2所示的贝叶斯均衡。

表4-2　　　　　　　　　　情境1（基准模型）的均衡解

均衡	情形	条件	结果	策略表达
I	高审查成本	$C_r > \beta D_r$	$\delta_1 = \delta_2 = \alpha = 0$ $\delta_3 = 1$	公司不审计，监管者不介入，也不审查
II	低审查成本，高审计成本	$C_r < \beta D_r$ $C_f > \beta(D_f - C_0)$	$\delta_1 = \delta_3 = \alpha = 0$ $\delta_2 = 1$	公司不审计，监管者不介入，但总是审查

均衡	情形	条件	结果	策略表达
III	低审查成本，低审计成本，高介入成本	$C_r < \beta D_r$ $C_f < \beta(D_f - C_0)$ $K > C_r(\beta D_r - C_r)/\beta D_r$	$\delta_1 = 0$ $\delta_2 = (C_f + \beta C_0)/\beta D_f$ $\delta_3 = 1 - \delta_2$ $\alpha = 1 - C_r/\beta D_r$	公司介于审计和不审计之间，监管者介于（不介入，不审查）和（不介入，审查）之间
IV	低审查成本，低审计成本，低介入成本	$C_r < \beta D_r$ $C_f < \beta(D_f - C_0)$ $K < C_r(\beta D_r - C_r)/\beta D_r$	$\rho_1 = 0, \rho_2 = 1$ $\delta_1 = (C_r + \beta C_0)/\beta D_f$ $\delta_2 = 0, \delta_3 = 1 - \delta_1$ $\alpha = 1 - K/(\beta D_r - C_r)$	公司介于审计和不审计之间，监管者介于（介入，审查）和（不介入，不审查）之间

在此，仅给出均衡 I 的证明：

从引理 1 中可知，在公司进行审计的情况下，监管者的主要介入措施是不审查，即 $\rho_1 = 0$。给出公司不审计的情况下监管者的介入策略，当公司不审计时，监管者介入的预期成本为：

$$ER(\rho_2) = C_r\rho_2 + (1 - \rho_2)\beta D_r \qquad (4-13)$$

将式（4-13）对 ρ_2 求导，则有：

$$\frac{\partial ER(\rho_2)}{\partial \rho_2} = C_r - \beta D_r \qquad (4-14)$$

式（4-14）包含：如果 $C_r > \beta D_r$，则 $\rho_2 = 0$；如果 $C_r < \beta D_r$，则 $\rho_2 = 1$。

假设 $C_r > \beta D_r$（$\rho_2 = 0$），监管者的预期成本通过式（4-4）可以得到，而公司的预期成本通过式（4-7）可以得到。将 $\rho_2 = 0$ 带入式（4-4）和式（4-7），则监管者和公司的预期成本分别为：

$$ER = \alpha\delta_1 K + (1 - \alpha)\delta_1(K + \beta D_r) + \delta_2 C_r + \beta D_r(1 - \alpha)(1 - \delta_1 - \delta_2)$$
$$(4-15)$$

$$EF = \alpha(C_f + \beta C_0 + \beta\delta_1 V_0 + \beta\delta_2 V_0) + \beta\delta_2(1 - \alpha)(D_f + V_0) \qquad (4-16)$$

监管者和公司成本最小化的一阶条件为：

$$\frac{\partial ER}{\partial \delta_1} = \alpha K + (1 - \alpha)(K + \beta D_r) + \beta D_r(1 - \alpha) \qquad (4-17)$$

$$\frac{\partial ER}{\partial \delta_2} = C_r - \beta D_r(1-\alpha) \qquad (4-18)$$

$$\frac{\partial EF}{\partial \alpha} = C_f + \beta C_0 + \beta \delta_1 V_0 - \beta \delta_2 D_f \qquad (4-19)$$

由于 $K > 0$，从式（4-17）可以导出 $\delta_1 = 0$；同理，式（4-18）的右边总是正的，因此对于任何值 α（$0 \leqslant \alpha \leqslant 1$），都有 $\delta_2 = 0$。

当 $\delta_1 = \delta_2 = 0$ 时，式（4-19）变换为：

$$\frac{\partial EF}{\partial \alpha} = C_f + \beta C_0 > 0 \qquad (4-20)$$

因此，$\alpha = 0$。

综上，假如 $C_r > \beta D_r$，则 $\delta_1 = \delta_2 = \alpha = 0$，$\delta_3 = 1$ 是均衡策略。

监管者对环境未达标采取无条件处罚措施，所以不管公司是否开展了环境审计，无条件处罚对于监管者和公司的策略都无影响。对于每一个混合策略均衡（Ⅲ、Ⅳ），监管者的策略独立于审查成本或环境污染费用，同样，公司的策略独立于公司的审计费用或清污成本。

4.3.2 情境2的均衡分析（监管者不介入，无条件处罚）

命题2 监管者不介入公司的环境审计报告、无条件处罚的机制下，存在如表4-3所示的贝叶斯均衡。

表4-3　　　　　　　　　　　　情境2的均衡解

均衡	情形	条件	结果	策略表达
Ⅰ	高审查成本	$C_r > \beta D_r$	$\gamma = \alpha = 0$	公司不审计，监管者不审查
Ⅱ	低审查成本，高审计成本	$C_r < \beta D_r$ $C_f > \beta(D_f - C_0)$	$\gamma = 1$，$\alpha = 0$	公司不审计，监管者总是审查
Ⅲ	低审查成本，低审计成本	$C_r < \beta D_r$ $C_f < \beta(D_f - C_0)$	$\gamma = (C_f + \beta C_0)/\beta D_f$ $\alpha = 1 - C_r/\beta D_r$	公司介于审计和不审计之间，监管者介于不审查和审查之间

命题 2 的均衡Ⅲ是唯一的混合策略均衡，适合于监管者不介入的情形，这与命题 1 的均衡Ⅲ是一致的，虽然在基准情境下介入是允许的，但在命题 2 的均衡中，监管者从来不介入公司的环境审计报告。命题 2 中没有与基准情境均衡Ⅳ等同的情形，因为在该均衡中监管者已经考虑介入公司环境审计报告。同样，无条件处罚对于监管者或者公司的均衡策略都没有影响。

4.3.3　情境 3 的均衡分析（监管者介入，有条件处罚）

命题 3　监管者介入公司的环境审计报告、有条件处罚的机制下，存在如表 4 - 4 所示的贝叶斯均衡。

表 4 - 4　　　　　　　　　　情境 3 的均衡解

均衡	情形	条件	结果	策略表达
Ⅰ	高审查成本	$C_r > \beta D_r$	$\delta_1 = \delta_2 = \alpha = 0$ $\delta_3 = 1$	公司不审计，监管者不介入，也不审查
Ⅱ	低审查成本，高审计成本	$C_r < \beta D_r$ $C_f > \beta[D_f - C_0 + (V_0 - V_a)]$	$\delta_1 = \delta_3 = \alpha = 0$ $\delta_2 = 1$	公司不审计，监管者不介入，但总是审查
Ⅲ	低审查成本，低审计成本，高介入成本	$C_r < \beta D_r$ $C_f < \beta[D_f - C_0 + (V_0 - V_a)]$ $K > C_r(\beta D_r - C_r)/\beta D_r$	$\delta_1 = 0$ $\delta_2 = (C_f + \beta C_0)$ 　　$/\beta(V_0 - V_a + D_f)$ $\delta_3 = 1 - \delta_2$ $\alpha = 1 - C_r/\beta D_r$	公司介于审计和不审计之间，监管者介于（不介入，不审查）和（不介入，审查）之间
Ⅳ	低审查成本，低审计成本，低介入成本	$C_r < \beta D_r$ $C_f < \beta[D_f - C_0 + (V_0 - V_a)]$ $K < C_r(\beta D_r - C_r)/\beta D_r$	$\rho_1 = 0, \rho_2 = 1$ $\delta_1 = (C_r + \beta C_0)$ 　　$/\beta(V_0 - V_a + D_f)$ $\delta_2 = 0, \delta_3 = 1 - \delta_1$ $\alpha = 1 - K/(\beta D_r - C_r)$	公司介于审计和不审计之间，监管者介于（介入，审查）和（不介入，不审计）之间

通过对有条件处罚机制和无条件处罚机制的比较可以发现，有条件的处罚机制不会改变均衡方程的本质。对于命题 3 和命题 1 的均衡Ⅰ而言，处罚机制对于该均衡没有影响，两者都是公司不审计，监管者不审查。对

于命题 3 和命题 1 的均衡 II 而言，监管者和公司的策略也是相同的，但是参数值的设置在两种情境下有所不同。对于命题 3 和命题 1 的均衡 III 和 IV 而言，其混合均衡策略是一致的，但公司采取环境审计的概率在两种情境下有所不同。

4.4　策略表达

4.4.1　审计报告介入权的影响

监管者介入公司环境审计报告的影响可以通过比较命题 2 和命题 1 的均衡来评估。由于在命题 1 中，只有均衡 IV 监管者才是介入的，因此，我们主要关注审计报告的介入权对公司开展环境审计的影响。

由命题 1 均衡 IV 可知，$K < C_r(\beta D_r - C_r)/\beta D_r$，则有：$K/(\beta D_r - C_r) < C_r/\beta D_r$，$1 - K/(\beta D_r - C_r) > 1 - C_r/\beta D_r$。

由此得出推论 1。

推论 1　在命题 1 均衡 IV 的条件下，监管者介入环境审计报告的权力为公司进行环境审计提供了一种正向激励，即介入情境下（命题 1 均衡 IV）的审计概率（$1 - K/(\beta D_r - C_r)$）绝对高于不介入情境下（命题 2 均衡 III）的审计概率（$1 - C_r/\beta D_r$）。

推论 1 指出如下事实：由于监管者对于审计报告的介入权，公司提高了均衡中的审计概率。因此，在环境审计制度设计中，应该实行环境审计结果向监管机构定期备案和报告制度；在条件成熟的情况下，可以尝试公司的环境审计报告定期向社会公开披露，使包括社会公众在内的广义监管者拥有审计报告的介入权，这样有助于激励公司自愿开展环境审计。

4.4.2　有条件处罚机制的影响

将无条件处罚机制变为有条件处罚机制，可以通过比较命题 3 与命题

1 来评估。在两种情境下，虽然改变了处罚的假设，但却保持了监管者的介入权不变。

假设 $C_r < \beta D_r$，当 $V_0 - V_a$ 上升时，在命题 3 的均衡 II 中，有条件参数 $C_f > \beta [D_f - C_0 + (V_0 - V_a)]$，则有：$C_f + \beta C_0 - \beta (V_0 - V_a + D_f) > 0$。

随着 $V_0 - V_a$ 增大，均衡 II（公司不审计）的条件参数空间变小了，而均衡 III、IV（公司环境审计的概率为正）的条件参数空间变大了。

由此得出推论 2。

推论 2　在 $C_r > \beta D_r$ 情况下，随着 $V_0 - V_a$ 之间差距的增大，支持公司进行环境审计的均衡（III，IV）中，条件参数的空间也随之增大。

推论 2 指出如下事实：$V_0 - V_a$ 的强度变化对于出现何种均衡十分重要，政策制定者可以通过扩大 $V_0 - V_a$ 的值来消除纯策略 II 的均衡空间，因为公司在该均衡中从不审计。因此，在环境审计制度设计中，如果监管者不是严厉地制裁公司的每一次违规，而是在建立互信的基础上，允许公司通过自我环境控制行为和迅速报告及纠正违规来服从管制，可以最大限度地将环境审计从被动行为转变为主动行为。公司因改善环境污染的善意努力而减轻处罚的有条件处罚机制，有助于推动公司主动开展环境审计。

第 5 章

环境审计的审计理论结构

5.1 引　　言

　　审计理论结构主要解决审计理论体系研究的逻辑起点、组成要素及相互关系等问题（周友梅，2007）。西方学者对审计理论的研究始于 20 世纪 60 年代初，我国在 20 世纪 80 年代和 90 年代先后两次在贵州、四川举办全国审计基本理论研讨会，对审计概念、审计本质、审计目标、审计假设等进行了深入研究，丰富完善了具有中国特色的审计理论结构。

　　由于环境资源的公共属性和外部效应，市场机制无法在环境保护方面实现资源的最优配置。既然市场机制不能有效提供良好环境这一公共物品，社会公众开始要求政府从公众利益角度出发对环境资源进行管理，对于负外部效应引起的环境污染和资源耗损等运用法律、行政或经济手段加以矫正，环境责任成为政府受托责任的一项重要内容。审计因受托责任的产生而产生，因受托责任的拓展而发展；正是受托责任在环境领域的不断拓展，推动了环境审计的发展（黄溶冰，2011）。自 20 世纪 90 年代以来，伴随着经济的快速发展，我国面临的资源环境问题也日益突出，破解资源环境约束，实现经济、社会与资源、环境的可持续发展成为社会各界的共识。对我国而言，可持续发展并不意味着降低经济发展速度，而是经济发展方式由粗放向集约的转型。可持续发展的核心是绿色发展，通过技术创新、产业升级、消费模式更新和制度创新，大幅降低单位 GDP 的能源消耗和污染物排放，是实现可持续发展的重要途径。在此背景下，环境审计逐渐从传统审计中分离出来，成为一种专业审计类型。

要发挥环境审计在绿色发展中的建设性作用，必须明晰环境审计的理论结构。由于审计本质在整个审计理论结构中具有导向作用（蔡春，2001），我们从环境审计的本质出发，构建了环境审计的理论结构框架。

如图 5-1 所示，本章构建了以审计本质为逻辑起点的绿色发展环境审计理论结构，探讨了以绿色发展为宏观外部环境的环境审计本质、职能、目标、内容、模式、方法、报告等要素。环境审计理论结构的逻辑起点是绿色发展背景下对环境审计本质属性的定位，而环境审计的本质又直接支配着环境审计的职能，环境审计的本质和职能共同影响环境审计的目标，为了实现审计目标，需要明确环境审计的内容，科学设计环境审计的模式以及选择合适的审计程序和方法，最终形成恰当的环境审计报告，通过信息披露和问责机制，回归实现既定的环境审计职能，并服务于绿色发展的审计外部环境。

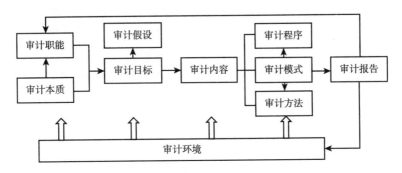

图 5-1 绿色发展的环境审计理论结构框架

在我国，每个时期的审计职责都与当时政治、经济、社会环境有着密切的关系，在图 5-1 中，推动绿色发展、建设生态文明作为环境审计实施的宏观外部环境，具有联结理论与实践的作用。绿色发展的目标决定着环境审计的方向，绿色发展的需求决定着环境审计的行为方式，绿色发展不仅影响环境审计的本质，而且也影响环境审计的职能、目标、内容等其他要素，环境审计理论结构框架的各要素最终统一在绿色发展这一特定的审计环境中（黄溶冰，2012b）。

5.2 基于绿色发展观的环境审计本质

审计本质是审计理论结构中的一个重要元素，汤姆·李（Tom Lee）于1984年提出的审计理论结构中，将审计本质与审计目标作为审计理论结构的第一要素；戴维·弗林特（David Flint）于1988提出的审计理论结构中，也将其作为审计理论结构研究的起点；我国蔡春教授在《审计理论结构研究》一书中，同样认为对审计本质的研究在整个审计理论结构中具有极重要作用。关于审计本质理论的主流观点经归纳如表5-1所示。

表5-1 审计本质理论观点一览

分类	审计本质	基本观点
从审计行为角度研究审计本质	查账论	审计是一种检查，旨在按照公认会计原则对公司和其他实体向公众和有关方面提供的财务报表的公允性和一致性表达意见
	方法过程论	为确定关于经济行为及经济现象的结论和所制定的标准之间的一致程度，而对这种结论有关的证据进行客观收集、评定，并将结果转达给利害关系人的有系统的过程
	经济监督论	由专职的机构和人员，依法对被审计单位的财政、财务收支及其有关经济活动的真实性、合法性和效益性进行审查，评价经济责任，用以维护财经法纪，改善经营管理，提高经济效益，促进宏观调控的独立性经济监督活动
	经济控制论	审计是一种经济控制，且是一种特殊的经济控制，对受托经济责任履行过程的控制
从审计作用角度研究审计本质	代理论	审计是一种有助于促进股东和企业管理人员的利益最大化的社会活动
	信息论	审计能够提高信息的可信性，以促进有效决策，实现社会资源的有效分配

分类	审计本质	基本观点
从审计作用角度研究审计本质	保险论	审计费用的发生纯粹是为了贯彻风险分担的原则，审计被看作一种保险行为，可以减轻投资者的风险压力，审计起到了一种保险的作用
	遵从论	审计促使各层次的职员自觉地遵守企业的各项内部控制制度，并认真有效的工作，从而促使企业目标的实现
	国家治理论*	审计的本质是国家治理系统中的重要组成部分，是保障国家经济社会健康运行的"免疫系统"

注：*有学者认为审计本质的最新发展还包括"免疫系统论"，由于免疫系统和国家治理的观点都是由刘家义首先提出，且有较大联系，故在本书中一并予以探讨。

　　从国家治理的视角研究审计本质是审计研究的新进展，审计署原审计长刘家义在中国审计学会第二次理事论坛上指出，"从古今中外的审计发展历史，尤其是我国实行社会主义审计制度的实践看，审计的本质是国家治理系统中的重要组成部分，是保障国家经济社会健康运行的'免疫系统'"（刘家义，2009，2010）。该命题是对现代审计作用的一个形象概括，自提出以来受到审计理论与实务工作者的广泛关注与讨论。该命题可以从三个方面加以理解：一是从国家治理的结构看，国家治理结构中需要有一个环节来保障国家经济社会的健康运行，审计正是这样一个环节，这是国家治理制度的必然安排。二是从国家治理的功能看，国家治理是一个大系统，其内部有许多子系统，每个子系统都有各自特定的功能，审计这个子系统的功能，被定位在发挥"免疫系统"功能上。三是从国家治理的使命看，国家治理要围绕建立善治政府的基本目标，更好地保障人民群众的根本利益（刘家义，2012），审计作为"免疫系统"，不仅要发现问题，处理问题，而且还要警示风险，未雨绸缪，防患于未然。

　　将审计视为国家经济社会健康运行"免疫系统"的观点与以往普遍接受的认为审计是一种经济监督行为的观点并不矛盾，它们是一个事物的两个方面，都是对审计固有本质属性的概括性说明。前者是从审计作用的角度看待审计的本质，后者是从审计行为方式的角度看待审计的本质。经济监督论认为审计是维护财经法纪、改善经营管理、提高经济效益、促进宏观调控的独立性经济监督活动，而这正是审计监督作为国家经济社会健康运行"免疫系统"的表现形式。强调审计作为国家经济社会健康运行"免疫系统"的本质属性，是由于审计监督作为国家治理的工具，只有发挥好"免疫系统"的建设性作用，才能更好地维护国家安全、保证国家利益、实现社会公众的利益诉求。

明确审计本质的基础上，就不难阐释环境审计的本质，环境审计作为一种专业审计类型，作为一种对政府和企事业单位的环境责任履行、环境经济活动及环境影响进行监督、评价或鉴证，使之达到管理有效、控制得当，并符合可持续发展要求的审计活动，其本质是维护国家环境安全的制度安排，落实可持续发展战略的保障措施，实现绿色发展的治理工具。

5.3 基于绿色发展观的环境审计理论结构要素

5.3.1 环境审计的职能

环境审计是一种具有揭示、抵御和预防功能的绿色发展治理工具。环境审计的揭示职能体现在：查处破坏资源、浪费能源、污染环境、损害人民群众利益、危害国家环境安全等各种行为，并依法处置。环境审计的抵御职能体现在：针对绿色发展审计中所发现的问题，从体制、机制以及政策层面分析问题的成因，提出改革体制、健全法制、完善制度、规范机制、强化管理的建议，推动实现可持续发展。环境审计的预防职能体现在：通过对绿色发展的数据、资料、现场、项目分析，预先感知国家环境安全中的各种风险，及时、客观、公正地提供环境风险信息，提示有关部门对环境风险予以足够的关注，促进环境风险防范和应对措施的落实。

环境审计职能发挥的模式包括单一模式（揭示）、双重模式（揭示、抵御）和复合模式（揭示、抵御、预防）。作为维护国家环境安全的一种制度安排，随着审计监督的层次不断提升，环境审计必须发挥建设性作用，从关注"揭示"到强调"抵御"直至重视"预防"。

如图 5-2 所示，在绿色发展中，如果环境审计的职能发挥以揭示为驱动，这是一种推动力量，体现的是审计监督的威慑力，关心的是细节性问题和战术性内容；如果环境审计的职能发挥以预防为驱动，这是一种提升力量，体现的是审计监督的建设力，关心的是共性问题和战略性内容。在绿色发展中，揭示、抵御、预防三种职能发挥方式是相互促进、相辅相成的，在环境审计中，应协调好预防的引领功能、抵御的指南功能和揭示的基础功能，关注环境问题背后的体制、机制和管理原因，发现环境风险生成的潜在因素，有效规避风险，将审计力量从传统的揭示领域向抵御和预防领域合理延伸。

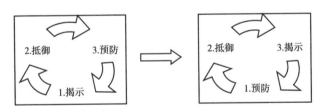

图 5-2　环境审计职能发挥的驱动方式

5.3.2　环境审计的目标

环境审计作为绿色发展的治理工具，应以国家"善治"为目标，更加关注合规性、经济性、效率性、效果性、公平性目标的实现，体现审计的社会属性。环境审计的目标应该包括以下四个方面：

一是审查绿色发展政策、法规的执行情况，评价绿色发展政策、法规的实施效果，提出改进、完善的对策建议。

二是审查绿色发展资金的筹集、分配、使用情况，揭露严重违法、违规问题和经济案件，促进提高环境财政资金使用效益。

三是审查绿色发展责任履行及环境管理活动的绩效，促进有关单位加强环境风险管理，建立健全绿色发展内部控制制度，推动生态文明建设和可持续发展战略的落实。

四是审查绿色发展信息披露的真实性、完整性及公允性，评价有关单位经济活动的污染防控效果及对利益相关者的影响。

5.3.3　环境审计的内容

现阶段，落实绿色发展责任的措施主要有三种，分别是工程节能减排、结构节能减排和管理节能减排。工程节能减排是通过加快污水处理厂、脱硫设施和循环经济园区等工程项目的建设，降低能源消耗，减少污染物的排放。结构节能减排是通过产业结构调整，调整落后产能，关停高能耗、高污染企业等方式降低能源消耗，减少污染物的排放。管理节能减排是行政管理部门采取加强对高能耗、高污染企业的监管等措施，使其实现达标排放。

结合环境审计的目标和受托环境责任的履行方式，绿色发展中环境审计的内容包括：

绿色发展目标落实情况审计：审查各级政府及企业绿色发展目标和任务是否逐项分解、落实到位，责任主体是否明确；落实绿色发展责任是否纳入地方党政领导干部和企业负责人的业绩考核范围，未完成目标和任务的地方及企业领导人是否问责。

工程节能减排情况审计：审查重点节能减排项目的资金使用、工程管理与运行效益情况；检查工程项目资金使用与工程管理中有无严重违法违纪、重大损失浪费和工程质量隐患等问题；已建成的节能减排设施运行是否正常，是否达到预期目标和设计要求，相关责任单位在工程节能减排中是否履行相关责任。

结构节能减排情况审计：审查区域重点领域和重点行业的节能减排完成情况、政府及企业重大项目的审批和环评程序合规情况；审查当年纳入节能减排的企业落后产能的整改情况，揭示企业未能完成淘汰任务、污染物排放总量数据不真实等问题；评价各级政府在发展低碳经济、转变经济发展方式中的职责履行情况。

管理节能减排情况审计：审查环保、水利、农林、发改委、国资委等部门的节能减排管理、监管措施及其绩效；审查重点企业节能减排风险管控和在线监测的措施及绩效；评价绿色发展政策法规的实施是否达到预期的目标；追踪审计发现问题的落实和整改情况。

5.3.4　环境审计的模式

在绿色发展中，为发挥环境审计的职能，实现环境审计的目标，环境审计的组织模式包括责任链延伸模式、主体多元化模式和区域合作模式。

（1）责任链延伸模式。如图 5 - 3 所示，传统环境审计从绿色发展的资金链出发，开展独立型或结合型环境审计。实际上，环境问题的解决不仅与资金有关，而且受到人的因素、政策因素以及企业自身因素的影响。在该模式中，将绿色发展资金链延伸至绿色发展责任链，开展综合型环境审计，整合审计机关内部各方的力量开展环境审计（黄道国和邵云帆，2011），扩大环境审计的覆盖面，提高环境审计的影响和效果。

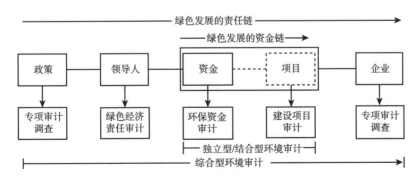

图 5 - 3　环境审计的责任链延伸模式

（2）主体多元化模式。如图 5 - 4 所示，审计机关、内部审计机构和会计师事务所都可能成为环境审计的潜在主体。目前，我国的环境审计以国家审计为主体，内部审计、注册会计师审计对此涉足较少。在未来的环境审计体制设计中，审计机关在绿色发展中应继续发挥主导作用，同时应加强国家审计对内部审计的指导以及政府审计与注册会计师审计的协作。在该模式中，不同审计主体的审计对象是互补的，国家审计关注绿色发展政策评价、绿色发展责任的履行及绿色发展专项资金的合规性和有效性；内部审计关注企业环境风险管理与绿色发展内部控制的遵循情况；注册会计师审计关注企业环境报告（或财务报告）中环境信息披露的真实性、公允性的鉴证。

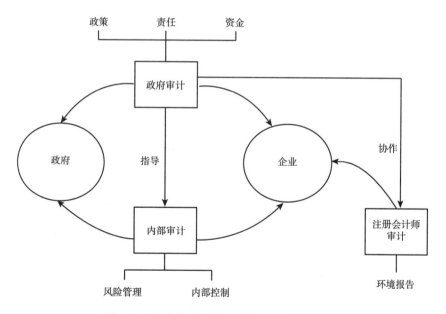

图 5 - 4　绿色发展环境审计的主体多元化模式

（3）区域合作模式。如图 5 - 5 所示，环境问题具有区域性、整体性及联动性等特征，绿色发展仅靠一个地区、一个部门的力量是难以解决的，需要通过区域间的交流与协作才能有效促进跨界污染的治理。在该模式中，或由上下级审计机关共同参与联合审计，或同级审计机关在上级审计机关的统一领导下开展平行审计，或审计与环保、水利、农林等部门建立协作关系发挥部门监督与审计监督的合力，目的是加强环境审计的指导和协调，增强环境审计工作的整体性。

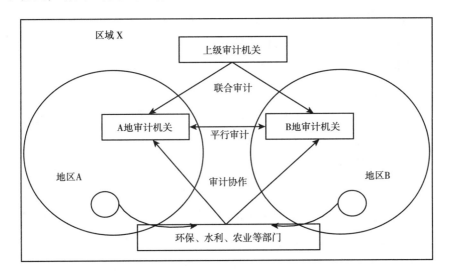

图5-5　绿色发展环境审计的区域合作模式

5.3.5　审计方法

在环境审计中，根据所运用工具的不同，可以把审计方法分成三大类。

一是与人自身感官作为工具相对应的经验认知方法。感性认识是审计活动的基础，观察、询问、检查记录、检查有形资产等都是重要的经验认知方法。例如在环境审计中检查被审计单位的记录和文件，这是最传统的审计方法，实际上在环境保护资金筹集、使用和管理审计中，特别是关于资金流向的审计，必须采用这种方法对有关账册、凭证、文件、纪录进行对账和查阅。

二是与各种物质工具相对应的审计方法。在环境审计中，获取、储存、处理和运用被审计单位的环境信息、财务信息和业务信息，离不开一定的物质工具，例如计算机、联网设备、视听设备、图像分析设备等，运用这些物质工具，也需要有相对应的审计方法。

例如，随着空气监测系统、排污收费监测系统、卫星遥感数据接收系统（RS）、GPS全球定位系统、GIS地理信息系统等资源环境监测网络的不断完善，在一些环境审计项目中（如退耕还林还草、防护林保护工程、海域污染防治等），可以利用在线监测设备和系统，有重点、有选择地进行定期和不定期的在线监测，获取被审计单位第一手真实的业务数据，为开展审计分析和审计判断提供保障。遥感（RS）技术能够从高空或外层空间接收来自地球表层各类地物的电磁波信息，并通过对这些信息进行扫描、摄影、传输和处理，从而对地表各类地物和现象进行远距离测控和识别。在环境审计中，可以利用RS技术识别水体的污染源、污染范围、面积和浓度；还可以直接统计烟囱的数量、直径、分布以及机动车辆的数量、类型，找出其与燃煤、烧油量的关系，求出相关系数，并结合城市实测资料以及城市气象、风向频率、风速变化等因素，估算城市大气状况。GPS技术能够实现地表精确定位、位置变化检测以及三维空间分析。例如，在对资源状况（如矿产、煤层）进行审计获取数据时，GPS对不规则面积的测量更为快捷准确，改变了原来手工拉尺测量的落后方法，提高了精准度及专业性；GPS技术还可以直观地获得基建项目相关工程量的数据；即时呈现工程项目、资源环境的现状及其历史变化。GIS技术能够将海量时空数据进行整理、存储、组织，同时其独特的空间分析功能可以深入挖掘这些数据之间因为时空位置而产生的内在联系，从而提高对于时空信息的有效利用，并且以多种可视化的形式将这些信息展示出来。例如，在河流、海洋、森林、沙漠等环境审计中，审计人员可利用GIS收集掌握分布、分级的全貌，可对同一地理边界不同信息系统图形叠加，综合分析不同信息系统数据，实现对各类信息进行比较审核，发现审计疑点和线索，确定审计方向。

三是与观念工具相对应的理论思维方法。在审计活动中，理论思维非常重要，有时需要运用概念、范畴、判断、推理等观念工具进行理论思维，发现事物的本质与规律，比较方法、分类方法、评价方法、归纳方法、演绎方法、分析方法、综合方法等是最基本的理论思维方法（崔孟修，2011）。理论思维方法往往用于环境审计的绩效评价或风险评估，例如，资源开发和环境保护项目中的措施或方案往往是多选择性的，相当于对多种互斥方案的选择，资源有限性决定了选择一种方案就要放弃其他方案，这就需要运用适当的理论思维方法指导审计实践，客观地评价被审计项目的成本与效益。又如，环保建设资金使用的结余程度、污染处理设施的投入产出效率以及环境保护政策的实施效果等，都需要采用适当的比较方法、评价方法和分析方法等予以客观的评估。

传统审计方法在环境审计中仍是适用的，但由于绿色发展本身是一项复杂的系统工程，为更好地开展环境审计工作，还必须探索一些新的审计方法，特别是借鉴、吸收和引进环境科学、经济学、管理科学中的一些经验认知方法、物质工具方法和理论思维方法。

5.3.6　环境审计的报告

环境知情权是指公众享有通过各种途径依法获取环境决策、环境风险等与公众利益相关的信息的权利，而环境信息公开是对"环境知情权"的回应。在推动绿色发展、建设生态文明的过程中，环境审计报告是环境审计工作的最终产品，是审计主体（审计机关、内部审计机构、会计师事务所）和社会公众沟通的媒介，其作用是要向审计报告的用户（社会公众）报告审计中发现的问题、结论以及处理或整改情况。环境审计报告信息披露的有效性，保证了民众"知"的权利；而环境审计报告信息披露的具体内容及格式安排，则决定了公众"知"的内容与深度。

合法、稳定的信息渠道是环境审计报告有效披露机制的要件。审计主体向社会公告环境审计结果，一方面披露政府或企业绿色发展责任的履行情况，另一方面披露审计监督责任的履行情况，两者都是为了接受社会公众监督。在完善事前告知和事后救济等一系列法律程序的基础上，环境审计信息披露的制度设计应做到"以公告为原则、以不公告为例外"，逐步实现环境审计信息公告的制度化。

合理安排环境审计报告的内容与格式的关键是要保证信息完整性与可理解性。信息完整性要求全文披露，不得对环境风险和问责信息进行过滤；信息的可理解性则要求区分不同层次的使用者，注重语言的简明、规范与精确，满足民众多元化的信息需求（陈征和刘馨宇，2020）。在环境审计报告中，尤其应注意披露审计建议和审计整改落实情况，以便公众舆论的监督。

中篇
方法篇

第 6 章

逻辑框架法在环境审计中的应用

6.1 改进逻辑框架法在环境
审计中应用的可行性

随着对环境问题的普遍关注，环境审计被认为是绩效审计的重要组成部分（蔡春等，2011）。在世界审计发展史上，现代意义上的绩效审计开始于20世纪70年代。1977年，世界审计组织（INTOSAI）首次将绩效目标写入《利马宣言——审计规划指导原则》，声明"最高审计机关的审计目标——财务管理的合法性、合规性、效率、效果和经济性——基本上是同等重要的"。1986年，INTOSAI在《关于绩效审计、公营企业审计和审计质量的总申明》中，首次采纳了普遍认可的绩效审计概念，即"对公共部门管理资源的经济性、效率性和效果性的评价与监督"。

在理论研究和审计实践中，绩效审计虽然有多种提法，但其主要内容均涉及对经济性（Economy）、效率性（Efficiency）和效果性（Effectiveness）的检查，即"3E"审计。目前，关于绩效审计的内涵在国际上已基本达成共识，也有学者提出"5E"的概念，即增加环境性（Environment）和公平性（Equity）两个要素，但从本质上看，环境性和公平性也应该属于效果性的范畴，因此环境审计的终极目标是提升环境绩效，环境审计本身内嵌于绩效审计之中。推动绿色发展、建设生态文明是我国转变经济增长方式，保持经济社会可持续发展的客观要求。近年来，国家在绿色发展领域投入了大量的公共财政资金，引起社会公众的广泛关注。这就要求审计机关以促进贯彻落实保护环境基本国策为目标，加强对绿色发展的环境绩效审计。

为做好具有中国特色的环境审计工作，必须加强"人、法、技"的建设，尤其是在审计模式和方法上应有新的尝试。逻辑框架法（Logical Framework Approach，LFA）是美国国际开发署（USAID）在1970年首先开发使用的一种项目设计、计划和评价工具。目前已有2/3的国际组织把逻辑框架法作为援助项目计划管理和目标效果评估（Objectives Performance Audit Report）的主要方法（Cordingley，1995）。本书借助传统逻辑框架法的层次与逻辑关系，结合环境审计需要，探讨改进逻辑框架法（Improved Logical Framework Approach，ILFA）在环保资金绩效审计中的应用可行性、步骤与方法。

随着公共财政体制的建立，政府投资逐步转向公共领域，政府投资的目的是提供外延性较强的公共产品，作为公共财政资金的支配者，如何才能最大程度地发挥资金使用效用，或者说已建成的公共投资项目能否达到期初预计的水平，是否充分发挥了应有的作用，是特别值得关注的。我们首先分析逻辑框架法的结构、特征以及在环境绩效审计中应用的可行性。

传统逻辑框架法，是应用4×4矩阵式图形对项目进行定性分析的方法。它将项目的关键要素组合起来分析其间的因果关系与逻辑关系，从项目目标、目的的确定及相应保证措施来评价公共财政支出的绩效，从而达到对项目进行清晰描述，形成明确结论的目的。传统逻辑框架法的基本模式见表6-1。

表6-1   传统逻辑框架法的基本模式

目标描述	客观评价指标	验证方法	重要外部条件
宏观目标	目标指标	监督和测评的手段及方法	实现条件
项目目的	目的指标	监督和测评的手段及方法	实现条件
产出（成果）	产出物定量（定性）指标	监督和测评的手段及方法	实现条件
投入（活动）	投入物定量（定性）指标	监督和测评的手段及方法	实现条件

　　传统逻辑框架法（LFA）作为一种成熟的项目管理工具，在建设项目后评价中获得了广泛的应用。但是从审计实施的角度看，仅给出项目投入、产出、目的和目标层次的客观评价指标及验证方法是不够的，在真实性审计的基础上，审计不仅需要评价，更需要进行审查和分析。找出影响效益指标的各项主客观因素，因地制宜地提出审计建议是环境绩效审计的宗旨。因此，我们结合审计需要对传统逻辑框架法进行了改进，表 6-2 是应用于环境绩效审计的改进逻辑框架法（ILFA）。

表 6-2　　　　　　　　应用于环境绩效审计的改进逻辑框架法

目标描述	验证对比指标				原因分析		审计建议
	验证指标	验证方法	实际指标	差距与变化	内部原因	外部原因	
宏观目标（影响）——审查效果性							
项目目的（作用）——审查效果性							
产出（实施结果）——审查效率性							
投入（建设条件）——审查经济性							

　　改进逻辑框架法在环境绩效审计中的应用具有可行性，主要表现在两个方面：

　　第一，环境绩效审计对经济性、效率性和效果性的评价与改进逻辑框架法的垂直逻辑关系是一致的（黄溶冰等，2007）。如表 6-2 所示，在环境绩效审计中，经济性意味着以较小的代价取得同样的投入。它对应逻辑框架法的投入（Input），在投入层次，确定绿色发展项目所需投入的资金、人员、管理机构等人力和物力，分析其节约度。效率性意味着在投入既定的情况下取得最大化产出，它对应逻辑框架法的产出（Output），在产出层次，直接确定完成的绿色发展项目的成果。效果性意味着以同样的产出满足更多的需求，它对应逻辑框架法的项目目的（Objective）或宏观目标（Goal）。其中，在项目层次，说明绿色发展项目的直接目的，如天然林防护工程的直接目的是遏制乱砍滥伐、提高森林覆盖率、减少水土流失等；在宏观目标层次，指项目实施后在更高层次产生的结果，即从宏观角度考虑项目对经济社会发展所起的作用和影响，如天然林防护的长期目标是解决天然林的休养生息和恢复发展问题，最终实现林区经济、社会、资源、环境的协调发展。

第二，环境绩效审计的实施步骤与改进逻辑框架法的水平逻辑关系有密切联系。环境绩效审计是根据一定的标准评价绿色发展项目经济效益、社会效益、环境效益的现状和潜力，提出增进绩效的建议，促使其改善管理的一种审计活动。在改进逻辑框架法的水平层次中，给出了项目各层次的客观评价指标、验证上述指标的方法、实际指标与验证指标的差距，在此基础上分析原因并提出建议。这些与环境绩效审计的评价程序是基本一致的。开展环境绩效审计，关键是确立验证环保投资绩效优劣程度的指标或审计标准，即表 6 - 2 中的验证指标项。审计目标不同，审计内容不同，审计的标准也会随之变化，绿色发展项目往往更加侧重社会效益和环境效益，可供选择的验证指标包括：（1）国家的环保政策、环保规划和区域规划；（2）投资机会研究、项目建议书和可行性研究报告中的计划标准，包括投资计划、计划工期、成本计划、概算、预算、计划新增生产能力、单位产品消耗材料和能源等；（3）环境保护定额标准，即国家环保部门颁布和制定的工程建设定额、空气质量标准、水质标准等；（4）先进标准，即同行业已经达到的先进水平，可以是地区性的、全国性的或国际性的标准；（5）历史标准，即同类项目的历史水平；（6）平均标准。

6.2　改进逻辑框架法在环境 审计中的应用设计

将逻辑框架法应用于环境绩效审计的过程是一项分析和认识事物的系统工程。其流程是按照因果逻辑关系，理顺绩效审计的目标和层次，分析找出关键问题，提出相关方案和对策。据此，可以将项目管理中问题树、目标树等分析方法引入环境绩效审计之中。

6.2.1　构建问题树

问题树也称因果关系图，可以清楚地描述出事物之间的内在联系，有助于分析项目的投入与产出、策划与实施、近期作用和长远影响的逻辑关系。对于后果的分析要求按照从微观到宏观的顺序逐步进行；对于原因的分析，要求找出直接影响因素，弄清问题的关键所在，从众多繁杂的资料数据中找出最根本的原因。对于复杂的项目，首先应简化项目内容或分层次做几个子树，再进行汇总。

6.2.2　构建目标树

将问题树进行转化便可形成目标树，在目标树的构建过程中要找准垂直方向的逻辑关系，明确宏观目标、项目目的、预期产出和所需投入。根据问题树分析过程中项目存在的主要问题，确定目标树中项目产出；根据问题树中原因的分析，确定项目所需投入；根据问题树中直接影响的分析，确定项目目的；根据问题树中最终后果的分析，确定宏观目标。

6.2.3　构建逻辑框架

根据已经建立的目标树，形成环境绩效审计的逻辑框架。以资金为主线，在投资决策、投资管理、资金使用、投资效果等方面着手，从经济性（投入的节约）、效率性（投入既定产出更大）、效果性（产出既定影响更好）三个方面进行评价，分析每一层次的主要验证指标、实际指标完成情况以及存在差距。分析形成上述差异的主客观因素或内外部原因，最后针对问题提出解决方案或审计建议。

6.3　案例分析

改进逻辑框架方法在某环城河综合整治工程绩效审计中的应用情况如下：

流入太湖的河流所带来的工业污染、城市生活污染和农业面源污染是太湖水质"富氧化"，引发蓝藻暴发的原因之一。在某市入湖环城河综合整治工程的绩效审计中，审计依据的基础资料包括："环城河综合整治"工程规划设计报告、可行性研究报告、省环保局调研报告、地方年度社会和经济统计资料、资金拨付清单、工程开工报告、工程监测报告、工程进度报告、项目监理报告、工程竣工验收报告等。同时开展了100户家庭的抽样调查。

6.3.1　问题树的绘制

根据前期调研资料，搜集到环境综合整治前环城河面临的11项主要矛盾，建立问题树之前，先把所有信息不分重要性和层次逐一列出：

（1）水质长期处于 V 类或劣 V 类状态，流入太湖后水体富氧化；

（2）沿河房地产价格比周边同类地块低 10% ～30% ；

（3）沿河有造纸、化工、印染等各类污染企业 30 余家，污染物直接排入河道；

（4）人居环境差、群众不满意，经济发展缺少后劲；

（5）沿河无绿色景观带、规划杂乱无章；

（6）河道淤积比较严重；

（7）大量民工分散居住于沿河棚户区，违章建设较多；

（8）河道堤岸挤占公路，经常导致交通堵塞；

（9）防洪工程多年未经修缮，有洪水漫堤危险；

（10）部分地段常年怪味熏天，附近的居民意见很大；

（11）环城河流经城区、郊区和多个乡镇，环境整治缺少统一的财政投入。

在上述信息中，既有表象又有本质，既有原因又有后果，按照问题树的绘制原则，从因果关系出发，找出其中的关键问题、问题原因、直接影响和最终后果，绘制问题树如表 6 - 3 所示。

表 6 - 3　　　　　　　　某环城河综合整治工程问题树

项目	序号
主要问题	（3）
问题原因	（11）
直接影响	（2）、（5）、（6）、（7）、（8）、（9）、（10）
最终后果	（1）、（4）

6.3.2　目标树的绘制

结合当地政府规划的环城河综合整治基础资料（包括可行性研究报告等），项目的各项投入和产出以及实现的目的、目标包括：

（1）开展环城河综合整治，改善人居环境；

（2）关闭搬迁污染企业，改善沿河水体质量；

（3）省财政拨款专项资金 2 500 万元，地方政府配套 1 500 万元；

（4）预计用工 2 万个工时，用时 2.5 年；

（5）疏浚河道 8 千米，护岸加高 20 厘米，拆迁面积 4 万平方米，配套建设沿河公园及绿化带 10 万平方米；

（6）由市建筑设计院负责勘察设计，市环保局、市水利局负责施工监督；

（7）由沿河乡镇政府负责征地和拆迁安置；

（8）改善环城河人居环境，人均绿地面积同比增加 5%；

（9）改善环城河投资环境，地方财政收入同比增加 20%；

（10）减少太湖水质"富氧化"的诱发因素。

结合问题树和上述资料，绘制目标树如表 6 - 4 所示。

表 6 - 4   某环城河综合整治工程目标树

项目	序号
目标	（8）、（9）、（10）
目的	（1）、（2）
产出	（5）
投入	（3）、（4）、（6）、（7）

6.3.3 构建逻辑框架

由目标树构建逻辑框架，结合垂直关系和水平关系，明确各层次的逻辑关系和主要内容，从关键指标和重点问题入手，审查环城河综合整治资金的绩效情况，分析原因，提出审计建议。逻辑框架如表 6 - 5 所示。

应用改进逻辑框架法，有助于科学界定审计目标，合理选择审计内容，针对性地提出问题，进而分析问题和解决问题，逻辑框架贯穿于环境绩效审计全过程之中。当然，作为一种审计模式，改进逻辑框架不能代替计算、分析性复核、查询等审计方法，以及选择绩效审计项目、进行审前调查、编制审计方案、撰写审计报告等具体审计程序。

表6－5　基于改进逻辑框架法的绩效审计工作

目标描述	验证对比指标				原因分析		审计建议
	验证指标	验证方法	实际指标	差距与变化	内部原因	外部原因	
宏观目标（影响）	(1) 改善环城河人居环境，人均绿地面积同比增加5%； (2) 改善环城河投资环境，地方财政收入同比增加20%； (3) 减少太湖水质"富氧化"的诱发因素	实地调查、地方经济社会统计资料，100户家庭抽样调查	(1) 工期结束后，增加人均绿地面积1.8平方米，同比增加5.5%； (2) 工期结束后，地方财政收入增加4.8亿元，同比增加25.6%； (3) 流入太湖断面的水质状况有一定程度改善	地方财政收入比预期数据增加5.6%	环城河地价由30万元/亩上升到315万元/亩，环城河整治出来的9块土地出让金价值达2.7亿元	人居环境改善，也提高了城市软环境，仅2008年上半年外商投资增加2 900万美元	太湖水污染治理是一项复杂的系统工程，流入太湖的河流不止一条，需要环湖政府、企业的通力合作
项目目的（作用）	(1) 开展环城河综合整治，改善人居环境； (2) 关闭搬迁污染企业，改善沿河水体质量	实地调查、工程管理报告、工程竣工验收报告，100户家庭抽样调查	(1) 关闭污染企业21家，迁移9家至工业园区，工业污水100%集中处理； (2) 沿河水体质量提高至Ⅲ类，部分地区达到Ⅱ类，COD、TN、TP均已达标； (3) 发出100份问卷调查，市民满意度达96.8%	(1) 沿河绿化带维护工作量比预期减少； (2) 施工中，对自然景观造成一定不良影响	针对以往绿化建设中存在的问题，环保局与市绿化办协商后，有针对性地采取多种改善性措施	(1) 环城河综合整治后，市民自发组织绿地维护； (2) 在工程建设中，对历史遗迹和自然景观缺少统一规划	在环境综合整治规划中应该尤为注重保护历史遗迹和自然景观，将环境发展与文化营造有机结合，提升历史文化名城内涵和乡土风情文化情

续表

目标描述	验证指标	验证方法	实际指标	差距与变化	原因分析		审计建议
					内部原因	外部原因	
产出（实施结果）	（1）疏浚河道8公里； （2）护岸加高20厘米； （3）拆迁面积4万平方米； （4）沿河公园及绿化带10万平方米	实地调查、工程检测报告、工程竣工验收报告	（1）完成疏浚河道8公里； （2）完成护岸加高20厘米； （3）完成拆迁面积5.6万平方米； （4）完成沿河公园及绿化10万平方米	（1）疏浚河道单位公里造价比同类地区高11%； （2）拆迁面积增加1.6万平方米，单位造价比同类地区计划高8%	（1）因征地问题改变施工路线，拆迁面积增加1.6万平方米； （2）投资增加导致造价提高	无法择优选择设计部门和施工单位，设计和施工取费标准偏高	采取公开招标方式选择优秀设计和施工单位，避免行业垄断和地方保护
投入（建设条件）	（1）投资4 000万元，其中省财政专项拨款2 500万元，地方政府配套1 500万元； （2）建设期2.6年，用工2万工时； （3）土地的投入，乡镇政府负责征地和拆迁安置； （4）工程设计和施工监管，分别由市建筑设计院和环保局、水利局完成和承担	工程开工报告、项目可行性研究报告、项目财务决算报告、工程进度报告、资金拨付单等	（1）投资5 697万元，其中政府财政拨款3 000万元，财政担保商业借款2 500万元，建设期利息197万元； （2）建设期3.3年，用工1.98万工时； （3）乡镇政府完成征地和拆迁安置； （4）设计院完成工程设计	（1）投资增加1 697万元，超投资42.4%； （2）工期延期9个月	（1）可研报告中投资估算不足和偏项（如未考虑建设期利息等）造成资金缺口870万元； （2）工程设计存在问题，施工变更和签证增加了827万元	（1）对雨季施工困难预计不足，增加工期1.5个月； （2）征地问题导致工程延期7.5个月	（1）提高可行性研究报告的编制深度，决策前组织专家评审会； （2）建立健全项目施工协调管理机构，乡、村各级政府参加，负责组织协调征地等相关事宜

第7章

变权综合评价法在环境审计中的应用

7.1 绿色发展的审计评价指标体系

随着理论和实务的不断发展，越来越多的专家学者开始从公共受托责任更广义的视角理解经济责任的内容，领导干部受托责任审计的评价指标日渐多元化，评价方法也从单一的财务方法，发展到多指标的综合评价。但作为一种绩效考评方式，如果未能科学合理地设计评价指标体系，或者在合理的评价指标体系之下未能选择恰当的评价方法，可能无法客观评价党政领导干部的公共受托责任，甚至出现受托责任审计的结果与绿色发展相背离的情况。

改革开放以来，我国各级政府官员的政治进步越来越明显地表现为一种晋升锦标赛的模式，官员的晋升概率以及地方的财政收入与 GDP 增长率呈显著的正相关关系（周黎安，2007）。当上级政府提出某个经济发展指标，下级政府往往会竞相提出更高的发展指标，出现层层分解、层层加码的现象。经济绩效成为考核党政领导干部晋升与否的最重要指标。

目前，在我国各级政府的绩效评估中，由于预设权重的固定性，权重无法随因素状态值的变化而调整。针对绩效评估公式的博弈，主要表现为对最大权重指标的重视和特别容易完成指标的强调（尚虎平，2008）。只要权重高的指标值足够大，往往就能获取理想的评价结果。在受托责任审计中往往也存在类似的现象，经济绩效相关项目的权重总是最大的，在这个项目上得高分，就可以"一俊遮百丑"；经济绩效最显性的指标是GDP，于是各地党政领导干部就开展了围绕GDP的各项工作，而许多和GDP没有直接关系但又是民众关心的问题，往往重视程度不够，甚至出现地方与中央政策相分离的倾向。

尤其值得一提的是，部分党政领导干部过分强调GDP等经济性指标，忽视单位GDP排放等环境性指标，资源和环境的负面问题长期积累，程度相当惊人，这不仅成为党政领导干部绩效评估的悖论，也是导致有些地区生态破坏和环境污染的主要成因。因此，在受托责任审计中，应遵循科学发展观，通过审计方法的创新，利用"激励"和"惩罚"因子改进权重分配，使审计结果更加符合我国生态文明建设和绿色发展的客观需要（黄溶冰，2013a）。

受托责任审计是一种综合性审计。在受托责任审计中，必须充分考虑到环境与可持续发展问题，避免党政领导干部在任职期间，出现以牺牲资源环境为代价谋求地区经济发展的现象。在受托责任审计中，关注真实性、合规性和效益性的基础上，还要对环境性予以足够的关注，贯彻经济发展指标与社会发展指标相结合、微观指标与宏观指标相结合、任期内经济指标与可持续发展指标相结合的原则重构评价指标体系，推进对党政领导干部任期内的受托责任履职情况进行全面、客观、公正的评价。

开展领导干部绿色经济责任审计的原则包括：

第一，作为控制和减少环境污染的一种监督检查手段，绿色经济责任审计应该发挥"预防、抵御和揭示"的复合功能。在绿色经济责任审计实践中，不仅要核实财政财务收支等经济指标，还要注意在此基础上进一步分析经济指标的变化对环境指标的影响，关注经济活动的结果对可持续发展的影响。不仅要审查领导干部任职期间的经济业绩是否真实，还要评价经济业绩的取得是否经得起可持续发展检验，是否符合人民群众的根本利益。

第二，在审计过程中，应合理界定党政领导干部发展绿色经济的直接

责任和主管责任。在直接责任方面，应加强经济指标真实性审计，关注对
领导干部的政绩成本进行分析，对不计成本和代价的重复建设、资源浪
费、环境破坏等行为进行监督与制约，促进领导干部树立正确的政绩观。
应突出重大经济事项决策程序和效果审计，特别是体现科学发展观要求，
对推动结构调整和转变经济增长方式、促进经济可持续发展的职责履行情
况予以监督和评价。在主管责任方面，应关注国家环保政策和节能降耗指
标的贯彻执行情况，环保专项资金的征收、管理和使用情况，建设项目环
境影响评价制度执行情况以及重点环境保护项目的有效运行等方面。

　　第三，环境问题本质上是人类不恰当的活动问题，归根结底是人的问
题。一旦将环境绩效纳入党政领导干部经济责任审计范围，在审计结果利
用方面，就必须将政绩考核与环保责任挂钩，实行环境问题"一票否决"
制度。党政领导干部的环境绩效情况，不仅是职务晋升的重要前提和标
准，对审计中发现的因决策失误造成重大环境事故，包庇、放任、纵容环
境违法和干预环境执法，以及监管不力等问题，应加强问责到"人"的力
度，通过移送处理，依法依纪追究法律责任。

　　经过大量的问卷调查和专家访谈，本书将绿色经济观和生态文明观对
党政领导干部的要求贯穿于评价指标体系中，将各类评价指标划分为经济
发展、经济管理、节能减排和廉洁自律四个方面（黄溶冰，2013a），如
表 7-1 所示。

表 7-1　　　　　党政领导干部经济责任审计评价指标体系

准则层	指标层	指标计算
经济发展 y_1	地区生产总值（GDP）增长率 x_{11}	（任职期间年均地区生产总值 - 任职前一年地区生产总值）÷任职前一年地区生产总值
	经济结构调整固定资产投资增长率 x_{12}	（任职期间年均结构调整固定资产投资 - 任职前一年结构调整固定资产投资）÷任职前一年结构调整固定资产投资
	城镇居民人均可支配收入增长率 x_{13}	（任职期间城镇居民人均可支配收入 - 任职前一年城镇居民人均可支配收入）÷任职前一年城镇居民人均可支配收入

续表

准则层	指标层	指标计算
经济 发展 y_1	财政收入占 GDP 的比重 x_{14}	任职期间年均财政总收入 ÷ 任职期间年均 GDP 总额
	政府负债率 x_{15}	任职期间财政性负债总额 ÷ 任职期间财政资金收入总额
经济 管理 y_2	贯彻上级财税经济政策情况 x_{21}	根据审计调查情况，由审计组综合评定
	预算编制及财政账户管理合规性 x_{22}	根据审计调查情况，由审计组综合评定
	财政资金集中支付率 x_{23}	任职期间集中支付资金总额 ÷ 任职期间实际支出资金总额
	政府采购执行率 x_{24}	任职期间纳入政府采购资金数额 ÷ 任职期间应纳入政府采购资金数额
	财政资金损失浪费率 x_{25}	审计发现的财政资金损失浪费金额 ÷ 任职期间全部财政资金收入
节能 减排 y_3	环境保护投资增长率 x_{31}	（任职期间年均环境保护投资 – 任职前一年环境保护投资）÷ 任职前一年环境保护投资
	挤占挪用环保专项资金率 x_{32}	挤占挪用环保专项资金金额 ÷ 实际拨付的环保专项资金
	单位 GDP 能耗下降率 x_{33}	1 – 任期末单位 GDP 能耗 ÷ 任期初单位 GDP 能耗
	主要污染物减排达标率 x_{34}	根据在线监测和实地调查情况，由审计组综合评定
	公众对环境保护满意度 x_{35}	根据问卷调查和实地走访情况，由审计组综合评定
廉洁 自律 y_4	个人存在的违纪问题 x_{41}	根据审计调查情况，由审计组综合评定
	个人民主测评记录 x_{42}	根据审计调查情况，由审计组综合评定
	历年来审计决定执行率 x_{43}	任职期间落实审计决定频次 ÷ 同期应落实审计决定频次
	直接分管部门违规资金比率 x_{44}	任职期间直接分管部门违规资金总额 ÷ 同期直接分管部门掌管的财政性资金总额
	其他部门违规资金比率 x_{45}	任职期间其他部门违规资金总额 ÷ 同期其他部门掌管财政性资金总额

7.2　基于变权理论的绿色发展审计评价模型

7.2.1　基本原理

变权理论是一种创新的权重分配方法。其中心思想是：权重是评价因素的函数，影响因素的权重随着因素状态值的变化而改变，以使权重能够更好地体现相应因素在决策中的作用（李德清等，2004）。变权可分为惩罚型变权和激励型变权。惩罚型变权强调因素之间的均衡性，对低水平的单因素状态值的减少反应灵敏，对高水平的单因素状态值的增加反应迟钝；激励性变权强调对关键性因素的激励，对高水平的单因素状态值的增加反应灵敏，对低水平的单因素状态值的减少反应迟钝。基于变权理论的绿色发展审计评价模型有助于实现对经济发展、经济管理、节能减排、廉洁自律各因素和各分项责任之间的"和谐"因子给予激励，对"不和谐"因子给予惩罚。

7.2.2　评价指标的规范化

首先，获取评价指标的原始值，计算性指标可以依据公式直接计算得出，水平性指标由审计组采取五点量表计分法打分得出。其次，对原始指标进行归一化处理。其中：

极大型指标：
$$x_{ij} = \frac{\mu_{ij}}{\mu_j^{\max}} \qquad\qquad (7-1)$$

极小型指标：
$$x_{ij} = \frac{\mu_j^{\min}}{\mu_j} \qquad\qquad (7-2)$$

式中，u_{ij}、x_{ij}分别代表变换前和变换后的指标值。

7.2.3 常权向量的确定

我们将综合评价分为三个层次，即目标层（决策层）、准则层（第一层）、指标层（第二层），记指标层的状态值为 x_{ij}，准则层的状态值为 y_i，目标层的评价值为 z。

采取层次分析法确定指标层的常权，得到指标层的因素常权向量 $W = (w_1, w_2, \cdots, w_m)$；按照等权原则确定经济发展、经济管理、节能减排、廉洁自律的常权，得到准则层的常权向量 $D = (d_1, d_2, d_3, d_4)$。

7.2.4 状态变权向量和变权向量的确定

在指标层中，不应该出现各指标值之间差异过大的现象，因此选用惩罚型状态变权向量。状态变权向量 $S(X)$ 可表示为：

$$S_{ij}(X_i) = e^{-\delta(x_{ij} - \bar{x}_i)} \qquad (7-3)$$

指标层的变权向量 $W(X)$ 可表示为：

$$W(X) = \frac{(w_1 S_1(X), \cdots, w_m S_m(X))}{\sum_{j=1}^{m} w_j S_j(X)} \qquad (7-4)$$

在准则层中，针对经济发展和经济管理，建立局部的惩罚型状态变权向量，当低于一定水平时，给予惩罚；当高于该水平时，不予惩罚也不予激励。

$$S_i(Y) = \begin{cases} e^{-(a-y_i)} & y_i < a \\ 1 & y_i \geqslant a \end{cases} \quad i = 1, 2 \qquad (7-5)$$

针对节能减排，加大高能耗、高排放、高污染的惩罚力度，建立惩罚型状态变权向量。

$$S_3(Y) = e^{-\beta(y_3 - \bar{y}_i)} \qquad (7-6)$$

针对廉洁自律，建立混合型状态变权向量，当低于一定水平时，给予惩罚；当高于一定水平时，给予激励；当处于中间水平时，不予惩罚也不予激励。

$$S_4(Y) = \begin{cases} e^{-(a-y_4)} & y_4 < a \\ 1 & a \leqslant y_4 < b \\ e^{(y_4-b)} & y_4 \geqslant b \end{cases} \qquad (7-7)$$

式（7－5）至式（7－7）中，δ，β 为大于 0 的参数。a 为惩罚水平，b 为激励水平。

准则层的变权向量 $W(Y)$ 可表示为：

$$W(Y) = \frac{(d_1 S_1(Y), \cdots, d_4 S_4(Y))}{\sum_{j=1}^{4} d_j S_j(Y)} \qquad (7-8)$$

7.2.5 综合评价值

对各层次分别进行变权综合评价。

$$变权综合评价值 = \sum (因素状态值 \times 变权) \qquad (7-9)$$

7.3 案例分析

在某省级审计机关对省内各地市级党政领导干部开展的受托责任审计中，利用绿色经济责任审计的评价指标和变权综合评价方法，对甲、乙、丙、丁四位领导干部进行综合评价。

第一，评价指标的规范化。利用式（7－1）、式（7－2）对原始数据进行归一化处理，极大值和极小值的取值范围分别是省内党政领导干部相关评价指标的最大、最小值。经处理后的无量纲化数值如表 7－2 所示。

第二，确定常权向量。指标层和准则层的常权向量分别如表7－3第2列和第8列所示。

第三，确定状态变权向量和变权向量。依据式（7－3）、式（7－5）、式（7－6）和式（7－7）分别计算指标层和准则层的状态变权向量。在此基础上利用式（7－4）和式（7－8）分别计算指标层和准则层的变权向量，根据评价原则和前人经验，在案例中，令 $\delta = 2$，$\beta = 5$，$a = 0.5$，$b = 0.8$。结果如表7－3第3～6列和第9～12列所示。

表7－2 党政领导干部经济责任审计数据集（经规范化处理后）

项目	甲				乙				丙				丁			
	y_1	y_2	y_3	y_4	y_1	y_2	y_3	y_4	y_1	y_2	y_3	y_4	y_1	y_2	y_3	y_4
x_{i1}	1.000	0.845	0.405	0.656	0.676	0.654	0.704	0.867	0.712	0.545	0.621	0.708	0.839	0.463	0.703	0.451
x_{i2}	0.876	0.753	0.178	0.545	0.745	0.457	1.000	0.834	0.641	0.656	0.648	0.803	0.635	0.166	0.835	0.837
x_{i3}	0.834	0.516	0.654	0.612	0.583	0.543	0.803	0.808	0.587	1.000	0.697	0.456	0.507	0.685	0.658	0.515
x_{i4}	0.941	0.845	0.452	0.452	0.621	0.505	0.742	0.987	0.602	0.747	0.701	0.568	0.727	0.732	0.405	0.682
x_{i5}	0.788	0.443	0.134	0.731	0.603	0.606	0.673	0.852	0.702	0.533	0.591	0.365	0.753	0.250	0.710	1.000

表7－3 党政领导干部经济责任审计评价的常权向量和变权向量

准则层	常权	变权				指标层	常权	变权			
		甲	乙	丙	丁			甲	乙	丙	丁
1	2	3	4	5	6	7	8	9	10	11	12
y_1	0.25	0.135	0.252	0.257	0.243	x_{11}	0.167	0.131	0.152	0.148	0.132
						x_{12}	0.083	0.083	0.066	0.085	0.099
						x_{13}	0.083	0.091	0.091	0.095	0.127
						x_{14}	0.333	0.294	0.339	0.369	0.329
						x_{15}	0.334	0.401	0.352	0.303	0.313
y_2	0.25	0.135	0.252	0.257	0.239	x_{21}	0.452	0.331	0.395	0.513	0.409
						x_{22}	0.107	0.094	0.139	0.097	0.175
						x_{23}	0.094	0.133	0.103	0.043	0.055
						x_{24}	0.139	0.102	0.164	0.105	0.073
						x_{25}	0.208	0.340	0.200	0.242	0.288

续表

准则层	常权	变权				指标层	常权	变权			
		甲	乙	丙	丁			甲	乙	丙	丁
1	2	3	4	5	6	7	8	9	10	11	12
y_3	0.25	0.596	0.218	0.228	0.275	x_{31}	0.142	0.131	0.163	0.153	0.120
						x_{32}	0.161	0.233	0.102	0.165	0.105
						x_{33}	0.282	0.158	0.266	0.261	0.261
						x_{34}	0.240	0.201	0.255	0.221	0.368
						x_{35}	0.175	0.277	0.214	0.200	0.146
y_4	0.25	0.135	0.277	0.257	0.243	x_{41}	0.434	0.372	0.434	0.397	0.529
						x_{42}	0.217	0.232	0.232	0.164	0.122
						x_{43}	0.143	0.134	0.161	0.217	0.153
						x_{44}	0.144	0.185	0.113	0.174	0.111
						x_{45}	0.062	0.077	0.060	0.048	0.085

第四，对甲、乙、丙、丁四位领导干部的经济发展、经济管理、节能减排、廉洁自律绩效进行常权综合评价，结果如表7-4所示。

表7-4　　　　　　常权综合的评价结果

项目	甲				乙				丙				丁			
	y_1	y_2	y_3	y_4	y_1	y_2	y_3	y_4	y_1	y_2	y_3	y_4	y_1	y_2	y_3	y_4
Y	0.885	0.721	0.403	0.601	0.631	0.592	0.783	0.868	0.656	0.625	0.661	0.651	0.728	0.445	0.641	0.611
Z	0.652				0.719				0.648				0.607			

第五，利用式（7-9），对甲、乙、丙、丁四位领导干部的经济发展、经济管理、节能减排、廉洁自律绩效进行变权综合评价，结果如表7-5所示。

表7-5　　　　　　变权综合的评价结果

项目	甲				乙				丙				丁			
	y_1	y_2	y_3	y_4	y_1	y_2	y_3	y_4	y_1	y_2	y_3	y_4	y_1	y_2	y_3	y_4
Y	0.872	0.656	0.326	0.592	0.628	0.581	0.764	0.863	0.651	0.594	0.657	0.628	0.713	0.381	0.596	0.580
Z	0.480				0.711				0.632				0.569			

分析表7-4和表7-5可知：

（1）甲、乙、丙、丁的变权评价值都低于其常权评价值，说明他们在指标层和准则层中都存在部分因素状态值"不均衡"的现象，党政领导干部承担的经济发展、经济管理、节能减排和廉洁自律责任，以及内部各分项责任之间存在着"不和谐"音符，因此，都受到了一定程度的"惩罚"，导致变权综合评价值偏低。

（2）如果单独从经济发展绩效上看，无论是常权评价还是变权评价，甲的分值分别为 0.885 和 0.872，高居四人之首；但如果综合考虑经济发展、经济管理、节能减排、廉洁自律四个方面，甲的常权综合评价与变权综合评价的排名都有不同程度下降。这表明仅评价党政领导干部的经济发展责任是片面的、不客观的。

（3）在常权综合评价下，四位党政领导干部受托责任审计评价的排名是乙 > 甲 > 丙 > 丁；在变权综合评价下，四位党政领导干部的排名是乙 > 丙 > 丁 > 甲。甲由第二位滑落到第四位，主要原因是在变权综合评价下，虽然甲的经济发展绩效达到 0.872，但节能减排绩效仅为 0.326，经济发展与节能减排的责任履行严重不对称，说明经济发展以牺牲资源环境为代价，可持续发展能力弱，节能减排的权重因"惩罚"机制而大幅增加，导致甲的综合评价指标值最低。

（4）乙的经济发展绩效并不是最高的，但排名居于首位，且常权评价值与变权评价值之间的差距最小。究其原因在于受到了"双重激励"。其一，乙的节能减排绩效十分突出，说明乙任职期间注重经济增长的质量、效益和可持续，符合科学发展观的要求，受到一次"激励"；其二，乙因廉洁自律水平较高，受到二次"激励"。由于上述两者的贡献，使其综合绩效最为突出。

从案例分析可知，传统的常权评价方法容易使地方政府在"进步学习"过程中摸索到成为先进的规律，导致很多地方党政领导干部热衷于GDP 和相关经济指标的排名，而很少关心本地区的生态环境问题。为克服传统评价方法的弊端，利用变权理论的权重分配方法——层次变权综合评价法，能够使权重伴随因素状态值的变化而调整，从而对影响绿色发展的节能减排因素进行均衡性处理，使评价结果建立在更加客观合理的基础之上。

| 第 8 章 |

挣值分析在环境审计中的应用

8.1 引 言

挣值分析法（Earned Valued，EV），是一种能全面衡量项目进度状态、成本趋势的有效方法，其基本原理是用货币量代替实物量来测量项目的进度，它不以项目投入资金的多少来反映项目的进展，而是以投入资金已经转化为项目成果的量来衡量，是一种完整和有效的项目成本与进度控制方法。

这种方法最初被介绍进我国时曾经翻译成"已获价值"管理方法，因为按英语字面意思和该方法的原理似乎将其翻译成"已获价值"更为贴切一些。在美国项目管理协会（Project Management Institute，PMI）2000年版的《项目管理知识体系指南》（*Project Management Body of Knowledge*，*PM BOK*）中对挣值分析方法有详细的描述，本章有关挣值分析的引述主要是来自 PMI 的 PM BOK。

挣值分析方法一个重要的用途是对未来项目完工成本估算（Estimate At Completion，EAC）作出预测。这种预测是根据项目已完成的工期和成本情况，对未来项目完工时总成本估算作出分析和推断。这种预测分析具有两方面的作用：一是为项目剩余工作成本的管理提供信息；二是为未来筹措项目所需资金提供依据（戚安邦，2004）。

有效地进行项目成本和进度管理的关键是监控项目实际成本及工程进度的状况，及时、定期地与控制基准相比较，并结合其他可能改变的因素，及时采取必要的纠正措施，修正或更新项目计划。美国审计署（GAO）在 20 世纪 90 年代就开始在绩效审计中使用挣值分析的方法（GAO，1997）。利用挣值分析法对项目成本进行管理和控制的基本步骤是根据预先制订的项目成本计划和控制基准，在项目实施后，定期进行比较分析，然后调整相应的工作计划并反馈到实际工作中去。

8.2 挣值分析在经济性审计中的应用设计

8.2.1 概述

挣值分析在环境审计中主要应用于经济性评价，而经济性是绩效审计的三个维度（经济性、效率性、效果性）之一。绩效审计的关键是选择合理的评价标准和科学的评价方法。不同的评价指标需要与之相对应的评价标准，审计人员将审计过程中获得的与绩效相关的信息经过加工处理与对应的标准进行对比，进而对绩效水平进行评价。《世界审计组织绩效审计指南》指出："最高审计机关应该运用各种最新审计方法武装自己，包括以系统为基础的审计技术、分析性复核法、统计抽样、对自动化信息系统的审计等。"绩效审计中，对经济性评价要关注两点：一是"产出"，在保证一定数量和质量的产品和服务及其他成果的前提下，评价节约才有意义。"产出"的评价标准分为定量和定性两种标准，定量标准主要源于计划、预算、评价标准值、定额等；定性标准主要源于国家法律、法规、组织的规章制度等。二是"节约"，在获得"产出"时是否投入尽可能少的人力、时间、物力、财力，以确保成本最低，节约既包括资金节约，也包括时间节约（王真真和黄溶冰，2014）。

以往的绩效审计方法对经济性进行评价时，通常只对单一的成本因素进行分析，即对资金的分析，而忽视了时间这一"成本"。本章探讨将挣值分析法应用于环境绩效审计中，在综合分析成本和进度两个因素的基础上，对绿色发展项目的经济性进行评价。

8.2.2　挣值分析的三个基本参数

挣值分析法主要用三个基本参数来表示项目的实施状态，并以此预测项目可能的完工时间和完工时的可能费用，三个基本参数分别是：

（1）已安排工作的预算费用（Budgeted Cost of Work Scheduled，BCWS），即根据批准认可的进度计划和预算到某一时点应当完成的工作所需投入资金的累计值，简称计划成本（PV），其计算式为：BCWS＝计划工作量×预算定额。该值是衡量工程进度和工程费用的一个标尺或基准，主要反映了进度计划应当完成的工作量。

（2）已完成工作的预算费用（Budgeted Cost of Work Performed，BCWP），即根据批准认可的预算，到某一时点已经完成的工作所投入资金的累计值，简称挣值（Earned Value，EV），其计算公式为：BCWP＝已完工作量×预算定额，或者，BCWP＝已完成工作的百分比×完成这项工作预计需花费的成本。它反映满足质量标准的工程实际进度和工作绩效，挣值从实际完成工作的角度看"绩效"，而不是传统上从预算开支的视角看"绩效"，真正实现了从资金数额到项目成果的转化，反映了满足质量标准的项目实际进度。

（3）完成工作实际费用（Actual Cost of Work Performed，ACWP），也称实际成本（AC），即项目实施过程中某阶段实际完成的工作量所消耗的工时（或费用）。

8.2.3　挣值分析的四个评价指标

（1）成本偏差（Cost Variance，CV），CV 指审计期间 BCWP 与 ACWP

之间的差异，其计算公式为 CV ＝ BCWP － ACWP。当 CV 为负值时，实际消耗成本超过预算值，表明经济性不佳；当 CV 为正值时，实际消耗成本低于预算值，表明经济性较好；当 CV 等于零时，表示实际消耗成本等于预算值。

（2）进度偏差（Schedule Variance，SV），SV 指审计期间 BCWP 与 BCWS 之间的差异。其计算公式为：SV ＝ BCWP － BCWS。当 SV 为正值时，表示进度提前；当 SV 为负值时，表示进度延误；当 SV 等于零时，表示实际进度与计划进度一致。

（3）成本绩效指数（Cost Performed Index，CPI），CPI 指项目挣值与实际成本值之比，衡量的是正在执行项目的成本效率，其计算公式为 CPI ＝ BCWP/ACWP。CPI ＞ 1，表示低于预算；CPI ＜ 1，表示超出预算；CPI ＝ 1，表示实际成本与预算成本吻合。

（4）进度绩效指数（Schedule Performed Index，SPI），SPI 指项目挣值与计划值之比，用以衡量正在执行项目的完工程度，其计算公式为 SPI ＝ BCWP/BCWS。SPI ＞ 1，表示进度提前；SPI ＜ 1，表示进度延误；SPI ＝ 1，表示实际进度等于计划进度。

8.3　案例分析

在绿色发展项目中，经济性审计主要用于分析是否以最低的成本取得一定质量的资源，或者说资金支出是否节约。由于绿色发展项目的资金支出（成本）和项目进度具有密切的关系，在审计评价时往往需要结合起来综合进行分析。

本书选择国内的一个审计实例并进行简化处理来说明挣值分析在审计中所需搜集的数据和得出的审计结论。

黑龙江省大庆市地处东北高寒地带，由于历史原因，部分偏远地区一直采用燃油锅炉房分区域供热。由于北方冬季供暖期长，燃油供热成本负担较重。为节约能源、降低供热成本，大庆石油管理局（现大庆油田有限责任公司）决定分批对供热系统进行"以油改煤集中供热改造"，简称"油改煤"工程。项目投产后，大庆石油管理局审计部对某采油厂"油改煤"工程的资金绩效情况进行了审计，该工程涉及 4 个锅炉房，总预算 15 000 万元，预计工期 1 年，在第 6 个月，审计人员进行了一次中期审计，采取审阅、复核、复算等审计方法，4 个锅炉房的计划成本、挣值和实际成本如表 8－1 所示。

表 8－1　　　　　　　　"油改煤"工程案例数据分析

项目	锅炉房#1	锅炉房#2	锅炉房#3	锅炉房#4
计划成本（BCWS, PV）（万元）	1 890	1 650	1 540	2 420
实际成本（ACWP, AC）（万元）	1 820	1 690	1 520	2 435
挣值（BCWP, EV）（万元）	1 810	1 700	1 500	2 430
进度绩效指数（SPI）	0. 958	1. 030	0. 974	1. 004
进度偏差（SV）	－80	50	－40	10
成本绩效指数（CPI）	0. 995	1. 006	0. 987	0. 998
成本偏差（CV）	－10	10	－20	－5

由表 8－1 可知，#1 和#3 锅炉房的实际成本比计划成本各低 70 万元、20 万元。#2 和#4 锅炉房的实际成本比计划成本各高 40 万元、15 万元。如果按照传统的绩效观念，此时#1 和#3 锅炉房的成本控制被认为是满意的，不需采取纠正措施，因为在规定的时间内所付出的成本比计划付出的成本要少；而#2 和#4 锅炉房的成本超支了，需要采取措施进行调整。

但实际上，若考虑进度因素，利用挣值分析方法计算四个评价指标，可知"油改煤"工程在第 6 个月时，#2 和#4 锅炉房的进度绩效指数分别为 1.03、1.004，进度超前了；#1 和#3 锅炉房的进度绩效指数分别为 0.958、0.974，进度滞后了。同时#1、#3、#4 锅炉房的成本绩效指数都小于 1.0，成本偏差为负值，说明结合进度考虑，它们的成本费用已超支，需及时采取纠偏调整措施。而#2 锅炉房的成本绩效指数为 1.006，成本偏差为正值，说明成本有结余。从成本和进度综合考虑，只有#2 锅炉房的成本控制和进度控制是令人满意的，这与传统方法的分析结果不同。

在经济性审计中，利用挣值分析可以避免以单一指标值反映绿色发展项目成本费用情况时的弊端和不足。以三个基本参数为基础，通过四个评价指标综合反映进度和成本的总体状况，便于审计人员客观、合理地对环保资金的经济性开展分析，对资金成本控制是否较为节约、进度控制是否存在问题提出审计意见。

第 9 章

数据包络分析在环境审计中的应用

9.1 引　言

从国际经验上看，当环境保护投资占 GDP 的比例达到 1%～1.5% 时，可以控制环境污染的趋势；当环境保护投资占 GDP 的比例达到 2%～3% 时，环境质量可以有所改善（苏明等，2008）。"十二五"期间，我国环保投资达到 3.1 万亿元，占 GDP 的 1.5% 左右。"十三五"期间，我国环保投资规模达到 6 万亿元，接近 GDP 的 3%。[①] 按照"财政资金运用到哪里，审计就跟进到哪里"的要求，在绿色发展审计中，尤其强调跟踪绿色发展投资的投入与产出之效率，并提供具有可比性的审计报告。巴兹雷（Barzelay，1997）对经济合作组织（OECD）国家最高审计机关开展绩效审计情况的调查也表明，效率性审计较普遍，几乎所有的最高审计机关都开展这种类型的绩效审计。

效率性审计作为当前审计工作的一项重点，面临着评价标准、指标体系，以及与之相关的评价方法和技术手段等一些共性问题（戚振东和吴清华，2008）。

一是缺少统一的绩效审计标准。不同的绿色发展项目，衡量其绩效的

---

① 根据《中国统计年鉴》《中国财政年鉴》和中华人民共和国生态环境部披露的有关数据测算。

标准可能不尽相同，而不同的评价标准往往会得出不同的审计结论。为保证审计质量，审计人员在每开展一项绩效审计之前，都需要就具体项目的评价标准选择问题与被审计单位进行协商，以保证选定的标准是双方公认的、不存在异议的。

二是由于绿色发展项目本身的特殊性，投入、产出中往往存在污染物、废弃物等指标，与投入越小越好，产出越大越好的传统认识不一致，导致难以对环境成本和效益进行科学合理的评价。

三是绿色发展不再局限于一个地区、一个部门或一个单位，这对审计组织模式提出了更高的要求，专项审计调查的方式在环境审计中被大量采用，需要同时对多个项目（或单位）的投入产出效率进行评价。

四是国家审计作为国家治理的重要组成部分，对国家审计转型发展提出了更高的要求，对于绿色发展项目而言，需要对审计中发现的效率不高等问题的原因进行影响因素分析，以使审计报告更加具有建设性。

9.2　DEA-Tobit 模型在效率性审计中的应用设计

9.2.1　绿色发展项目绩效审计的效率性评价原则

DEA-Tobit 模型是一种绩效评价的新兴方法。其创新思想是将数据包络分析和删截回归分析相结合，实现相对绩效分析与影响因素分析的有机统一。DEA-Tobit 模型具有以下特点：

（1）以相对效率为基础，以 DEA 为工具，适用于多投入、多产出的效率性评价问题；无须统一量纲，无须预先设定评价标准，排除了审计人员的一些主观因素影响，使审计评价结论具有更强的客观性。

（2）通过对污染物、废弃物等"不理想"数据的平移转换，合理地评价环境绩效，获取投入（产出）需改进的方向和数值；通过两阶段算法，在评价相对有效性的基础上，实现与行业良好实践标准的比较。

（3）适应于审计调查的绩效审计方式，在一次审计调查中对多个项目进行效率性评价；同时对影响效率性的关键因素及其影响程度进行分析，为审计报告和审计建议提供证据支持。

DEA-Tobit 模型的这些特点有助于克服当前绿色发展项目绩效审计中遇到的一些困难，是新形势下开展绩效审计的有益探索。

在绿色发展项目的投入和产出中，既包括资金、产能等"理想"的投入、产出，也包括污染物、废弃物等"不理想"的投入、产出。例如，利用国家财政资金建设的生活垃圾焚烧发电厂，在生产过程中输入的劳动力、资金，输出的电能等是"理想"的投入、产出；而输入的生活垃圾，输出的二氧化硫、粉尘、污水等是"不理想"的投入、产出。

DEA 效率分析是利用产出和投入的比值——效率评价指数来进行评价的，效率评价指数越大，效率越高。故传统 DEA 模型中，决策单元（DMU）的投入越小越好，产出越大越好。而评价绿色发展项目的效率性时，如前文所述，投入、产出中往往存在污染物、废弃物等指标，这些指标不符合传统的 DEA 模型要求，因此，需要对传统 DEA 模型进行适当的数据转换。

绿色发展项目绩效审计的效率性评价原则是：增加"理想"输出，减少"理想"输入，或减少"不理想"输出，增加"不理想"输入，可以改进或提升绩效（黄溶冰和陈耿，2013）。以生活垃圾焚烧发电厂为例，其建设目的是通过垃圾焚烧发电这一污染治理措施，避免城市中的垃圾围城现象，减少生活垃圾存量，达到"减排""节能（发电）"的双重目标。因此，在既定产出的情况下，财政资金等"理想"的投入越少越好，生活垃圾等"不理想"的投入越大越好，因为生活垃圾作为污染物输入往往是不需要成本的，处理量越多对环境的改善越有利。

9.2.2　包含"不理想"输入输出的 DEA 模型

在绿色发展项目的审计调查中，设有 n 个样本（即决策单元 DMU），每个 DMU 都有 m 种类型的要素输入和 s 种类型的输出。第 j 个 DMU 的输入向量 $x_j = (x_{1j}, x_{2j}, \cdots, x_{mj})^T$，输出向量 $y_j = (y_{1j}, y_{2j}, \cdots, y_{sj})^T$，若输出用正号表示，输入用负号表示，第 j 个 DMU 的输入、输出数据可用矩阵表示为：

$$P_j = \left\{ \begin{array}{c} y_j \\ -x_j \end{array} \right\} \qquad (9-1)$$

n 个决策单元 DMU 的输入输出数据形成 $(s+m)$ 行、n 列矩阵 P：

$$P = \left(\begin{array}{c} y \\ -x \end{array} \right) = [p_1, \cdots, p_n] \qquad (9-2)$$

由 (x_j, y_j) 组成的集合是和生产可能集相互关联的，定义生产可能集为：$T = \{(x, y) \mid$ 由输入 x 可输出 $y\}$，这时用来评价决策单元技术效率的生产可能集为：

$$T = \left\{ (x, y) \ \middle| \ \sum_{j=1}^{n} \lambda_j x_j \leqslant x, \ \sum_{j=1}^{n} \lambda_j y_j \geqslant y, \ \sum_{j=1}^{n} \lambda_j = 1, \lambda_j \geqslant 0 \right\} \ (9-3)$$

引入松弛变量 $s^- = (s_1^-, \cdots, s_m^-)$，$s^+ = (s_1^+, \cdots, s_s^+)$，在生产可能集 T 上评价 DMU$_j$ 相对有效性的具有输入倾向的 $C^2 GS^2$ 模型为：

$$\min \theta$$

$$\text{s. t.} \begin{cases} \sum_{j=1}^{n} \lambda_j x_j + s^- = \theta x_0 \\[2mm] \sum_{j=1}^{n} \lambda_j y_j - s^+ = y_0 \\[2mm] \sum_{j=1}^{n} \lambda_j = 1, \lambda_j \geqslant 0 \\[2mm] s^+ \geqslant 0, s^- \geqslant 0 \end{cases} \qquad (9-4)$$

$x^g(y^g)$ 代表"理想"的输入（输出），$x^b(y^b)$ 代表"不理想"的输入（输出）。

为了使输入、输出中"不理想"的指标符合 DEA 要求，可以将这些"不理想"的指标加上负号或乘以（-1）以满足 DEA 模型对输入越小越好、输出越大越好的要求，但是当输入、输出指标有负值时，又不满足 DEA 模型对输入、输出是正值的要求，必须进一步进行数据变换，将负值变换为正值，这需要通过数据平移实现，可以证明对"不理想"输入输出进行数据平移不影响 DEA 有效性（Huang and Li, 2013）。

若决策单元 DMU_j，有 t 种"不理想"输入指标，记 $x_j^b = (x_{(m-t+1)j}^b, x_{(m-t+2)j}^b, \cdots, x_{mj}^b)^T$，有 l 种"不理想"输出指标，记 $y_j^b = (y_{(s-l+1)j}^b, y_{(s-l+2)j}^b, \cdots, x_{sj}^b)^T$，设：

$$\left\{ \begin{array}{l} k_i = \max\limits_{1 \leqslant j \leqslant n}(x_{ij}^b) + c \\ w_r = \max\limits_{1 \leqslant j \leqslant n}(y_{rj}^b) + c \end{array} \right\} \tag{9-5}$$

$$i = m-t+1, m-t+2, \cdots, m$$
$$r = s-l+1, s-l+2, \cdots, s$$

其中，c 为任意大于零的常数，一般取 $c = 1$，以满足数据变换后每一个输入、输出因素都大于 0。记：

$$k = (k_{(m-t+1)}, k_{(m-t+2)}, \cdots, k_m)^T, w = (w_{(s-l+1)}, w_{(s-l+2)}, \cdots, w_s)^T$$

$$\tilde{x}_j^b = (\tilde{x}_{(m-t+1)j}^b, \tilde{x}_{(m-t+2)j}^b, \cdots, \tilde{x}_{mj}^b)^T, \tilde{y}_j^b = (\tilde{y}_{(s-l+1)j}^b, \tilde{y}_{(s-l+2)j}^b, \cdots, \tilde{y}_{sj}^b)^T$$

作变换：

$$\left\{ \begin{array}{l} \tilde{x}_j^b = -x_j^b + k \\ \tilde{y}_j^b = -y_j^b + w \end{array} \right\} \tag{9-6}$$

经过式（9-5）和式（9-6）对"不理想"输入、输出进行数据变换，保证了 $\tilde{x}_j^b > 0$，$\tilde{y}_j^b > 0$，"不理想"的数据转换成了符合传统投入产出要求的"理想"数据。变化后的数据矩阵表示为：

$$\begin{pmatrix} y_j \\ -x_j \end{pmatrix} = \begin{pmatrix} y_g \\ \tilde{y}^b \\ -x^g \\ -\tilde{y}^b \end{pmatrix} \tag{9-7}$$

经过数据变换后的模型为：

$$\min\theta$$

$$\text{s. t.}\begin{cases} \sum_{j=1}^{n} \lambda_j x_j^g + s^- = \theta x_0^g \\ \sum_{j=1}^{n} \lambda_j \tilde{x}_j^b + s^- = \theta \tilde{x}_0^b \\ \sum_{j=1}^{n} \lambda_j y_j^g - s^+ = y_0^g \\ \sum_{j=1}^{n} \lambda_j \tilde{y}_j^b - s^+ = \tilde{y}_0^b \\ \sum_{j=1}^{n} \lambda_j = 1, j = 1,2,\cdots,n \\ s^+ \geq 0, s^- \geq 0 \end{cases} \tag{9-8}$$

在模型（9-8）中，假设决策单元 DMU_j 的线性规划解为 θ^*，s^{+*}，s^{-*}，λ^*。若存在 $\theta^* < 1$，表明可以用比 DMU_j 更少的投入获得相同的产出，DMU_j 必然不是有效的生产经营活动。若满足 $\theta^* = 1$，则称 DMU_j 为弱 DEA 有效；若同时满足 $\theta^* = 1$，且 $s^{+*} = s^{-*} = 0$，则称 DMU_j 为 DEA 有效。从生产可能集角度看，DEA 有效的决策单元必然落在其生产可能集的生产前沿面上。

模型（9-8）的经济意义体现在：在"理想"输出和"不理想"输出保持不变时，尽可能减少"理想"输入（资金等），尽可能增加"不理想"输入（污染物、废弃物），这时的决策单元 DMU 相对有效。

DEA 模型的计算结果是一种相对有效性，所谓相对有效性是指对决策单元 DMU 间的绩效进行比较，选出其中绩效最好者作为 DEA 有效决策单元，因此就会存在所评价的决策单元本身的投入产出绩效并不是很好，但根据 DEA 算法，仍然属于相对 DEA 有效的情形。为实现对相对有效决策单元的进一步排序，可将相对有效决策单元与良好实践的标杆进行再次比较（周卓儒，2003）。

9.2.3 Tobit 回归分析

应用 DEA 得出绩效审计各决策单元的效率值后，为了进一步分析效率值受到哪些因素的影响及其影响程度，可以效率值（θ）为因变量对各种影响因素进行回归，由于效率值是截尾数据，为避免普通最小二乘法的参数估计值是有偏的，采取 Tobit 回归模型：

$$Y_i^* = \beta X_i + \mu_i$$

$$Y_i = \begin{cases} 0, & Y_i^* = 0 \\ Y_i^*, & Y_i^* > 0 \end{cases} \tag{9-9}$$

其中，Y_i 是被解释变量，Y_i^* 是效率值，X_i 是解释变量，β 是未知参数向量，μ_i 服从标准正态分布。

9.3 案例分析

在某特派办组织的一项绿色发展审计调查中，共调查了 30 家使用国家节能减排财政资金建设的生活垃圾焚烧发电厂。这些生活垃圾焚烧发电厂的设备、工艺水平相当，审计目标是评价各垃圾焚烧发电厂的节能减排投入产出效率，探索经验及不足，分析影响垃圾焚烧发电厂减排绩效的因素。

9.3.1 DEA 模型结果

采用含"不理想"投入产出的 DEA 模型，选定的投入为安排的节能减排资金（x_1^g）、处理的生活垃圾（x_2^b）；选定的产出为发电量（y_1^g）、SO_2 排放量（y_2^b），全部数据采用真实性审计后核定的数据，各单位的数据如表 9-1 所示。模型计算软件采用 DEA-Solver Pro 5.0。

表 9 - 1   投入和产出数据

DMU	输入		输出		DMU	输入		输出	
	x_1^g	x_2^b	y_1^g	y_2^b		x_1^g	x_2^b	y_1^g	y_2^b
单位 1	10 812. 3	5 913. 9	3 369. 2	234. 8	单位 16	4 865. 2	1 898. 6	1 423. 1	90. 5
单位 2	7 824. 4	7 477. 9	4 959. 6	211. 3	单位 17	20 156. 3	10 165. 3	7 623. 2	420. 3
单位 3	9 235. 6	3 655. 1	3 147. 8	208. 1	单位 18	17 893. 6	7 896. 3	5 986. 3	406. 9
单位 4	8 688. 3	6 935. 6	4 729. 2	198. 7	单位 19	15 322. 3	10 236. 5	9 456. 3	412. 3
单位 5	7 265. 8	5 448. 9	4 641. 7	173. 8	单位 20	14 233. 2	11 253. 6	8 623. 2	398. 6
单位 6	13 555. 6	7 065. 2	4 874. 9	275. 3	单位 21	65 232. 5	3 519. 6	2 865. 2	165. 3
单位 7	13 539. 9	7 336. 1	4 820. 2	243. 2	单位 22	6 858. 2	4 203. 6	3 651. 2	173. 2
单位 8	13 874. 9	3 948. 6	3 532. 7	256. 4	单位 23	7 563. 2	5 321. 2	4 123. 5	189. 6
单位 9	8 424. 1	3 831. 9	3 013. 6	184. 5	单位 24	4 265. 3	1 618. 8	1 654. 2	100. 2
单位 10	16 357. 3	8 153. 2	5 123. 4	356. 3	单位 25	8 658. 3	4 608. 3	2 666. 5	175. 3
单位 11	8 254. 3	3 685. 2	2 999. 7	182. 4	单位 26	18 256. 3	10 236. 5	7 236. 5	365. 2
单位 12	5 261. 2	2 652. 2	1 583. 6	96. 3	单位 27	14 365. 2	4 123. 6	4 000. 2	201. 8
单位 13	6 523. 2	3 562. 1	2 301. 4	121. 4	单位 28	16 589. 3	13 652. 2	10 210. 3	369. 2
单位 14	11 123. 1	5 632. 4	4 256. 3	135. 6	单位 29	12 663. 2	10 265. 2	9 563. 2	352. 3
单位 15	9 623. 2	4 234. 5	3 865. 3	128. 4	单位 30	19 365. 2	9 412. 3	7 698. 2	236. 1

在第一阶段 DEA 算法中，计算出不同决策单元的 DEA 有效值 θ^*，如表 9 - 2 第 2 列和第 7 列所示。

如果决策单元 DMU 是非 DEA 有效（$\theta^* < 1$）的，那么考虑其距相应的 DEA 有效（$\theta^* = 1$）生产前沿面的差距，计算非 DEA 有效决策单元的投入（产出）需改进或加强的部分，如表 9 - 2 第 3、4 列，第 7、8 列所示。例如，对于单位 1，在既定产出不变的情况下，为实现 DEA 相对有效，需增加日生活垃圾处理量 90. 3（吨），这为被审计单位的审计整改指明了方向。

在第二阶段 DEA 算法中，以某国家级设计院所编制的相同工艺生活垃圾焚烧发电厂可行性研究报告中的投入、产出数据 {6 808. 8，8 417. 2；6 266. 2，134. 5}，作为良好实践的决策单元（DMU_0）。相对有效决策单元与行业良好实践标准比较的 DEA 有效值 θ^{**}，如表 9 - 3 所示。

表 9 - 2 各决策单元的相对有效性

DMU	相对有效性			排序	DMU	相对有效性			排序
	θ^*	s^{+*}	s^{-*}			θ^*	s^{+*}	s^{-*}	
1	2	3	4	5	6	7	8	9	10
单位 1	0.7092	(0, 90.3)		27	单位 16	1.0000			1#
单位 2	1.0000			10#	单位 17	0.7466	(3 567, 3 487)	(0, 50.8)	24
单位 3	0.7620			23	单位 18	0.5863	(1 304, 5 756)	(0, 27.5)	29
单位 4	0.9730	(0, 1 118)		11	单位 19	0.9455	(0, 2 322.7)	(0, 48)	13
单位 5	1.0000			9#	单位 20	0.8780	(0, 366)	(0, 36.4)	16
单位 6	0.7355	(0, 824.2)		26	单位 21	0.8515	(56 584, 26.4)		17
单位 7	0.7977	(0, 58.8)		22	单位 22	0.9277	(0, 318.9)		14
单位 8	0.6538	(5.4, 2 943.3)		28	单位 23	0.9131			15
单位 9	0.8193	(0, 233.7)		21	单位 24	1.0000			1#
单位 10	0.5732	(0, 2 541)		30	单位 25	0.8315		(68.9, 0)	18
单位 11	0.8264	(0, 326.6)		19	单位 26	0.7411	(1 174.8, 2 664)		25
单位 12	1.0000			5#	单位 27	0.8203	(1 756.8, 2 190)		20
单位 13	0.9721			12	单位 28	1.0000			1#
单位 14	1.0000			8#	单位 29	1.0000			1#
单位 15	1.0000			7#	单位 30	1.0000			6#

注：#表示相对有效决策单元与行业良好实践标准对比后的排序。

表 9 - 3 与标杆（良好实践标准）比较的 DEA 有效值

DMU	DMU$_0$	单位 2	单位 5	单位 12	单位 14	单位 15
θ^{**}	1.000	0.7460	0.8153	0.9974	0.9338	0.9463
DMU	单位 16	单位 24	单位 28	单位 29	单位 30	
θ^{**}	1.000	1.000	1.000	1.000	0.9731	

综上，各生活垃圾焚烧发电厂的节能减排资金绩效审计评价结果如下：第一类是单位 16、24、28、29，既是调查范围内相对有效的决策单元（$\theta^* = 1$），也符合全行业的良好实践标准（$\theta^{**} = 1$）。第二类是单位 2、5、12、14、15、30，属于在调查范围内相对有效的决策单元（$\theta^* = 1$），但不符合行业的良好实践标准（$\theta^{**} < 1$）。第三类是单位 4、9、11、13、19、20、21、22、23、25、27，非 DEA 有效，$0.8 < \theta^* < 1$。第四类是单位 1、3、6、7、8、10、17、18、26，非 DEA 有效，$0 < \theta^* < 0.8$。各决策单元的绩效排序见表 9 - 2 的第 5 列和第 10 列。

9.3.2　Tobit 回归分析

以 θ^* 值为被解释变量，从资源能力和管理水平两个层面分析影响生活垃圾焚烧发电厂节能减排绩效的因素。资源条件主要考虑资产规模、员工总数、创新能力；管理水平主要考虑管理层平均受教育程度、内部控制评价。前 4 项指标值来源于经审计后的企业实际数据，第 5 项指标值来源于审计过程中的测试结果和审计发现。具体指标见表 9 - 4。

表 9 - 4　　　　　　　影响垃圾焚烧发电厂节能减排绩效的因素

一级指标	二级指标		
	指标代码	指标名称	指标说明
资源条件	X_1	资产规模	万元
	X_2	员工总数	人
	X_3	创新能力	拥有高级技术职称的职工比例（%）
管理水平	X_4	管理层平均受教育程度	高中、大专、大学、硕士、博士分别按 12、15、16、19、22 年计算（年）
	X_5	内部控制评价	审计测试后的评价值，按百分制计算

Tobit 回归分析结果见表 9 - 5。

表 9 - 5　　　　　　　　　　节能减排绩效影响因素的 Tobit 回归结果

解释变量	模型 1	模型 2	模型 3	模型 4
C	04378 ** （2. 1452）	0. 2662 （1. 5470）	0. 4819 *** （5. 9647）	0. 4447 *** （3. 2561）
X_1		- 1. 12E - 06 ** （ - 2. 2419）	- 1. 58E - 06 *** （ - 3. 4683）	- 1. 59E - 06 ** （ - 2. 4768）
X_2	- 3. 70E - 05 （ - 1. 15978）		- 3. 93E - 05 （ - 1. 3541）	- 3. 69E - 05 （ - 1. 2498）
X_3	1. 5069 *** （3. 3514）	0. 6373 *** （3. 2420）	1. 9981 *** （4. 3601）	1. 9124 ** （2. 5249）
X_4	0. 0027 （0. 0126）	0. 0115 （0. 8136）		0. 0032 （0. 2636）
X_5	0. 0030 *** （5. 6957）	0. 0032 *** （4. 8136）	0. 0026 *** （4. 5526）	0. 0027 *** （5. 5474）
Adjust - R^2	0. 8338	0. 8311	0. 8408	0. 8451

注：**、 ***分别表示该系数在5%、1%水平上显著。

从表9-5可知，在资源条件中，节能减排绩效与创新能力呈显著正相关关系，但与员工总数的关系并不显著，说明垃圾焚烧发电厂已不再是传统的劳动密集型企业，而是技术密集型企业，提高创新能力有助于增强节能减排绩效；在管理水平中，内部控制评价与节能减排绩效呈显著正相关关系，内部控制评价分值越高、企业的节能减排绩效越好，说明规范管理是提高节能减排绩效的重要手段。此外，从各模型可知，资产规模与节能减排绩效呈显著正相关关系，说明垃圾焚烧发电厂同样存在规模经济的现象。

DEA-Tobit 模型不仅仅是单纯的数学分析模型，而是需要将审计实践和效率性评价结合起来。投入、产出分析的数据，如节能减排资金等，是真实性审计核定后的数据；而影响因素分析的数据，如内部控制评价等，来源于审计测试的结果。这就要求审计人员在应用 DEA-Tobit 模型时具备更高的专业素质，同时对绿色发展审计项目的特点、审计目标和审计重点要有深刻的理解。

第 10 章

问卷调查法在环境审计中的应用

10.1 引　　言

问卷调查法是指调查者依据调查目标设计出与其内容相关的问题，并运用统一设计的问卷了解被调查者情况，征求被调查者意见的一种资料收集方法。问卷调查法以书面形式的问卷为调查工具，通过含有多种度量指标的统一表格收集资料，调查者根据回收的调查表对被调查者的行为态度作出定量或定性的分析，实现调查目标、得出调查结果。

从被调查的内容看，问卷调查法适用于对现时问题的调查；从被调查的样本看，问卷调查法适用于较大样本的调查；从调查的过程看，问卷调查法适用于较短时期的调查；从被调查者所在的地域看，问卷调查法在人口较多城市中更适用；从被调查者的文化程度看，问卷调查法适用于高中及以上文化程度的对象。

根据调查目标设计出完整、科学的调查问卷，是调查人员获得全面而准确的调查资料、完成直接调查任务的关键步骤。调查问卷的质量直接影响到市场调查与预测的结果。设计是否科学合理将直接影响问卷的回收率，影响资料的真实性、实用性。

调查问卷是调查研究中用来收集资料的主要工具，形式上是一份精心设计的问题表格。其用途则是用来测量人们的行为、态度和社会特征。主要包含：问卷名、封面信、指导语、问题及答案、编码、结束语等。

（1）问卷名。问卷的名称，是对调查主题的概括说明，以使被调查者明确主要的调查内容和调查目的。在确定标题时要求尽量做到醒目、简明扼要，最好能够引起被调查者的兴趣。

（2）封面信。封面信也叫问卷说明，即一封致被调查者的短信。它的作用在于向被调查者介绍和说明调查的目的、调查单位或调查者的身份、调查的大概内容、调查对象的选取方法和对结果保密的措施等。有些封面信还有填表须知、交表时间、地点及其他事项说明等。封面信一般放在问卷开头，要求语言简明、中肯，开门见山，篇幅宜小不宜大，两三百字最好。

（3）指导语。指导语即用来指导被调查者填答问卷的各种解释和说明。指导语的语言必须简明易懂，以便被调查者快速掌握如何正确填写问卷。

有些问卷的填答方法比较简单，常常只在封面信中用一两句话说明即可。如：下面所列问题，请在符合您情况的项目旁"□"内打"√"。有些比较复杂的指导语则集中在封面信之后，并以专业的"填表说明"作为标题，其作用是对填表的方法、要求、注意事项等作一个总的说明。还有一些问卷，其指导语分散在某些较复杂的问题前或问题后，用括号括起来，对这一类问题作专业的指导说明。如：本题项可选三项答案，并按重要程度将其顺序排列。还有些指导语分散在某些较复杂的调查问题后，对填答要求、方式和方法进行说明。

（4）问题及答案。问题及答案是问卷的主体，也是问卷设计的主要内容，是调查问卷中最重要的部分。它主要是以提问的形式提供给被调查者，这部分内容设计得好坏直接影响整个调查的价值。

主题内容主要包括以下三个方面：一是对人们的行为进行调查，包括对被调查者本人行为进行了解或通过被调查者了解他人的行为。二是对人们的行为后果进行调查。三是对人们的态度、意见、感觉、偏好等进行调查。

（5）编码。编码是指将问卷中的每一个问题及其答案转换成以数字或符号表示的代码，以方便分类整理，易于进行计算机处理和统计分析。

编码分为预编码和后编码两种类型。预编码是指编码工作在问卷设计的同时就已经编好；后编码是指编码工作在问卷收回后再进行。在实际调查中，许多研究者都采用预编码。预编码除了给每个问题和答案分派数字以外，还会为调查后的资料转换和数据录入做一定的准备，编码一般放在问卷每一页的最右边。如果问卷主要是由开放式问题构成的，那么一般采用后编码。

除了编码，问卷还包括一些其他资料，例如问卷的名称、编号、发放及回收日期，调查员的姓名、编号和调查完成情况，审核员的姓名、编号和审核意见，被调查者的住址及联系方式等。这些资料也是审核和分析问卷的重要依据。

（6）结束语。在调查问卷的最后，可以简短地向被调查者强调本次调查活动的重要性以及再次表达谢意，也可征询被调查者对问卷设计和问卷调查本身的看法与感受。

10.2　问卷调查在效果性审计中的应用设计

对于效果性的审计主要是分析与实际水平相比预期目标的实现程度，由于环境保护是公共财政投资的"公共产品"，为了考察政府各类环保资金使用的绩效，可以从环境公共产品的用户——社会公众的角度考察其预期目标的实现程度。即，可以采用问卷调查搜集审计证据或审计线索，通过合理地设计问卷，客观选择调查对象发放问卷，以及对调查结果进行综合分析，对绿色发展公共财政支出的效果性进行评价（黄溶冰，2013）。问卷调查获得的证据属于第三方证据，具有较高的相关性和可靠性。

10.2.1　调查问卷的设计

在绿色发展环境绩效审计中，调查问卷的设计一般应考虑编制时间、调查形式、主要内容、题型选择等因素。审计调查问卷编制时间一般应在审前调查结束后进行。通过审前调查，审计人员能够摸清绿色发展项目的基本情况和项目特点，发现可能影响项目环境效益发挥的主要问题。因此，审前调查结束后设计问卷能够抓住重点，提高问卷的针对性。

环境审计调查问卷的调查形式一般应采取匿名调查形式，这是由社会调查工作的特点决定的。考虑到署名调查形式可能会影响被调查者真实表达自己的观点，审计人员应采取适当的方式消除被调查者的疑虑和心理压力。

环境审计调查问卷的主要内容应根据审计工作方案、审计实施方案及审前调查了解的情况确定。一般应包括：绿色发展项目的治理效果、影响项目效果的主要问题、可能的原因、改进的建议等。在确定主要内容时，应坚持精简、重点突出的原则，避免可有可无的题项。

环境审计调查问卷的题型选择应根据审计的目标和对象合理确定。问卷的题型一般分为三类，即开放式、封闭式和半开放半封闭式。开放式题型的优点是可能收集到原来没有设想到的答案，缺点是容易因被调查者的理解歧异产生偏差，也不易汇总分析。封闭式题型的优点是被调查者易于接受、调查结论比较集中、便于汇总分析等，缺点是不具弹性。半开放半封闭式题型是在封闭式选项后加上一个"其他"选项，让被调查者在找不到贴切的答案时能自由填写答案。

10.2.2　调查问卷的优化

第一步是审计组内部讨论。审计组内部的讨论能够起到集思广益的效果。如，其他参与审前调查的审计人员可能提出更加符合项目实际的问卷题目，资深的审计人员能够对问卷的可行性和可能的结果作出初步判断（代勇和孙晖，2007）。

第二步是听取外部专家的意见。邀请参与具体审计项目的外部专家对调查问卷进行优化，充分听取他们从专业角度提出的建议和意见，可以使问卷表述更加精确、专业。

第三步是小规模试用。试用的样本规模在 30～50 份，通过试用中的信息反馈，可以发现审计调查问卷的内容、结构、逻辑、用语等各方面是否有需要完善的地方，同时也能对问卷结果和可信度作出初步估计，为下一步大规模使用问卷的策略和方式提供参考。

10.2.3 调查问卷的发放与回收

一般可采用邮寄、现场、在线调查三种方式发放问卷。

邮寄（电子邮件）简便易行，但对被调查者的影响力较低，因此建议在信封（电子邮件）里附上一封感谢信或者附上"本问卷仅限于审计机关使用"的承诺和说明。纸质问卷还应该给被调查者附上寄回问卷用的空白信封和邮票。

现场发放是审计实务中有效的问卷发送方式。当面发放、当场填写，有不理解的问题可以当场提问，由于相互之间充分的沟通交流，易于取得被调查者的合作，也有利于提高问卷的回收率。

在线调查是伴随着互联网技术的发展而出现的一种新型调查方式，通过互联网及其辅助系统可以实现自助式在线帮助、在线回答、回收答卷、数据统计分析等系列功能。在线调查方式的成本比较低，可以利用有关政府信息平台来发布绿色发展项目的网络问卷。

对回收的问卷，在剔除废卷后要统计有效问卷的回收率。当回收率达到 70% 以上时，方可作为效果性评价的依据。如果有效问卷的回收率比较低，需要扩大范围进行补充调查。

10.2.4 调查问卷的处理

在绿色发展项目绩效审计中，回收的调查问卷在剔除无效回答、填写错误或相互矛盾的问卷之后，简单的问卷可以采用 Excel 表格进行分析，相对复杂的问卷可以采用 SPSS 等统计软件进行数据处理，数据处理结果用于为绿色发展项目的目标实现程度提供第三方审计证据。问卷调查法在环境审计中的应用步骤如图 10 - 1 所示。

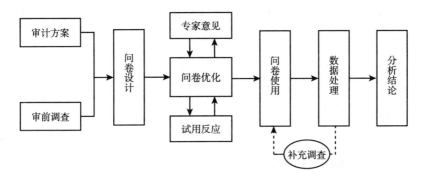

图 10 - 1　问卷调查在环境审计中的应用

10.3　案例分析

10.3.1　项目背景

2008 年初，针对广大群众反映强烈的公交车冒黑烟问题，无锡市政府计划拿出 1 500 余万元，重点整治公交"黑尾巴"。2009 年 10 月，无锡市审计局对该项目的绩效情况开展了专项审计调查，并将其列为全局的年度重点审计项目。选择该项目作为年度重点项目主要考虑以下因素：

（1）市领导关心。市政府制定的《无锡市区落实城市公交优先发展行动计划（2008—2010 年）》指出：2008 年要完成公交 8 件实事。其中一件即"年内完成 905 辆尾气排放未达标公交车辆的环保化改造，消除冒黑烟现象"。这是市政府向广大市民的郑重承诺，项目是否如期完成、取得什么样的效果是市领导非常关心的问题。

（2）人民群众关注。公交车冒黑烟曾经是无锡市民反映强烈的问题，在民主化进程日益加快的今天，政府能否采取有效措施解决这一问题，从而改善人居环境、保障市民健康是老百姓密切关注的问题。

（3）符合时效性的原则。该项目于 2008 年 4 月启动，2009 年 4 月底全面完成，当年 6 月通过了环保部门组织的专家评审。因此审计机关选择在 2009 年末及时跟进，正是项目效果逐步显现并趋于稳定、便于检验的最佳时期。

（4）符合项目绩效易于评价的原则。该项目时间跨度相对较短、内容相对单一，成本可以计量，项目效果可以通过技术论证、现场观察、问卷调查等手段进行衡量。

10.3.2　结果分析和讨论

评价公交车尾气排放的治理效果是审计的重点，也是难点。根据公交公司提供的资料，涉及尾气综合治理的公交车共有 905 辆，但显然不可能对它们全部做一遍尾气检测，不仅审计时间、审计手段和审计成本受到限制，而且会对这些车辆的正常运营造成干扰和影响，因而必须找到合理的替代审计程序来收集证据，反映该项目的目标实现程度。审计组灵活运用了问卷调查法来分析该绿色发展项目的目标完成情况。

在审计过程中，主要通过两个途径进行问卷调查：

一是在市中心广场和某中学现场发放问卷。

二是通过市政府网站和审计局网站发放网络问卷。共收到有效问卷225 份，调查对象包含在职职工、离退休老人、公务员、学生等各个社会阶层，调查结果反映了不同人群的意见。调查问卷如表 10 - 1 所示。

表 10 - 1　　　　　　公交车尾气治理项目的调查问卷设计

（本调查问卷仅供审计机关使用）

调查时间：

调查地点：

1. 您认为 2008 ~ 2009 年我市开展的公交车"尾气综合整治"项目是否成功？
　　A. 非常成功　　B. 比较成功　　C. 不太成功　　D. 失败　　E. 不确定

2. 如果该项目不成功，您认为其主要原因是什么？
　　A. 技术方面不成熟　　　　　B. 油品质量的问题　　　　　C. 驾驶员操作不当
　　D. 气候原因导致　　　　　　E. 管理方面的因素
3. 您认为公交车"尾气综合整治"项目带来的效果如何？
（1）消除了冒黑烟的现象，改善了生态环境。
　　A. 非常显著　　B. 比较显著　　C. 不太显著　　D. 不显著　　E. 不确定
（2）公交车是城市的移动名片，提升了城市形象。
　　A. 非常显著　　B. 比较显著　　C. 不太显著　　D. 不显著　　E. 不确定
（3）公交车的条件改善后，会考虑更多选择公共交通作为绿色出行方式。
　　A. 非常显著　　B. 比较显著　　C. 不太显著　　D. 不显著　　E. 不确定

　　通过对调查问卷的整理、汇总和分析，问卷调查的结果如表 10 - 2
所示。

表 10 - 2　　　　　　　公交车尾气治理项目的调查问卷结果

序号	评价内容		选择人数	选择比例（%）	评价结论	整体目标实现程度
1	项目是否成功	非常成功	156	69.33	基本实现	
		比较成功	43	19.11		
		不太成功	26	11.56		
		失败	0	0		
		不确定	0	0		
2	改善了生态环境	非常显著	201	89.33	实现	实现
		比较显著	21	9.34		
		不太显著	3	1.33		
		不显著	0	0		
		不确定	0	0		
3	提升了城市形象	非常显著	189	84.00	实现	
		比较显著	26	11.56		
		不太显著	10	4.44		
		不显著	0	0		
		不确定	0	0		

序号	评价内容		选择人数	选择比例（%）	评价结论	整体目标实现程度
4	考虑选择公共交通作为出行方式	非常显著	58	25.78	基本实现	实现
		比较显著	110	48.89		
		不太显著	28	12.44		
		不显著	15	6.67		
		不确定	14	6.22		

此次问卷调查通过实地调查和在线调查共回收有效问卷225份，其中：关于公交车"尾气综合整治"项目是否成功的选项，有88.44%的被调查对象认为"非常成功"和"比较成功"，有11.56%的被调查对象认为"不太成功"，没有人选择"失败"。目标实现程度（效果性）的审计评价为"基本实现"。

关于改善了生态环境的选项，有98.67%的被调查对象认为"非常显著"和"比较显著"，1.33%的被调查对象认为"不太显著"，没有人认为"不显著"。目标实现程度（效果性）的审计评价为"实现"。

关于提升了城市形象的选项，有95.56%的被调查对象认为"非常显著"和"比较显著"，4.44%的被调查对象认为"不太显著"，没有人认为"不显著"。目标实现程度（效果性）的审计评价为"实现"。

关于考虑选择公共交通作为出行方式的选项，有74.67%的被调查对象认为"非常显著"和"比较显著"，12.44%的被调查对象认为"不太显著"，6.67%的被调查对象认为"不显著"，6.62%的被调查对象选择"不确定"。目标实现程度（效果性）的审计评价为"基本实现"。

从案例可知，公交车尾气综合治理作为绿色发展项目，其产生的环境效益主要是改善了空气质量，但又显然不能简单通过对比治理前后空气质量指标来进行评价。利用问卷调查的方式，通过征询社会公众的直观感受和意见，有助于比较客观地对绿色发展项目环境整治的效果性进行评价。

下篇
应用篇

第 11 章

环境审计制度选择的影响因素

11.1 引　言

环境审计制度作为一种环境治理工具已经被许多国家所采纳，但仍有一些国家尚未开展环境审计工作（INTOSAI，2010）。为什么不同国家对环境审计采取的态度不同？本书利用 Logit 二元选择模型，分析环境审计制度选择的影响因素，并对我国是否适合开展环境审计进行了符合性检验。

由于不同国家文化、制度以及经济社会发展程度的差异，污染治理工具在不同国家的演变和普及程度也会有所差异。本书将污染治理工具的演进划分为两种方式，即启蒙式演进和学习式演进（戚建刚和兰皓翔，2021），前者的产生和发展大体上是一个观念先行，制度随后，而手段次之的次序；后者的演进次序刚好相反。环境审计是可持续发展观念逐渐深入人心的产物，环保意识以及当地的经济水平被认为是开展环境审计的重要前提（李璐和张龙平，2012）。

在美国，部分州实施了环境审计立法，环境审计具有一定的优先权和豁免权，斯塔福德（Stafford，2006）对各州环境审计开展情况进行分析后认为，政党背景和利益相关者压力是环境审计立法决策的重要影响因素，而污染水平、环保标准的影响并不明显。最高审计机关环境审计工作组

（WGEA）在分析环境审计的演进趋势时指出，一国最高审计机关是否开展环境审计受到包括该国自然地理、生态环境现状、产业结构特征、贫困消除与经济发展、政府安全与政治稳定以及邻近国家的环境审计决策等因素的影响（INTOSAI，2007）。

根据现有文献，环境审计的需求影响因素研究主要聚焦在理论阐释和规范分析，尚缺少进一步的经验证据，特别是基于不同国家国别数据的实证分析更是鲜见。针对这种情况，本书利用150个国家的经济社会发展数据，采取Logit模型对环境审计制度选择的影响因素进行检验并结合中国国情进行了讨论，以期在借鉴前人经验的基础上弥补现有研究的不足。

11.2　研究假设

美国经济学家舒尔茨（Schultz）认为，广义的制度是指管束人们的一种行为规则，具体到经济学领域，制度是一种具有经济价值的服务的供给者。按照建构主义的制度变迁理论，当现有制度因交易成本、外部性、风险、规模经济等因素不能满足经济和社会发展需要时，一种制度创新就可能产生，制度选择和制度变迁可以用"需求－供给"这一经典的理论框架来加以分析。据此，我们从经济发展和社会进步角度对环境审计的需求因素进行分析，并提出研究假设。

11.2.1　经济发展水平

经济发展水平和环境污染的关系常用环境库茨涅茨曲线（EKC）来描述（Grossman and Krueger，1995）。在经济发展的较低阶段，各国环境污染的水平也相对较低；在经济起飞、制造业快速发展阶段，各国多以牺牲环境来换取经济增长，环境污染开始加剧；在经济发展的更高阶段，随着人均 GDP 和富裕程度的提高，人们的环保意识也逐渐增强，为实现社会福利最大化目标，各国开始加大环境规制力度，污染物排放逐步得到控制，环境状况开始改善。

环境问题是经济发展与环境保护的矛盾表现，是由于人类不合理的经济活动产生的，而环境问题的解决又依赖于一定的经济基础。在经济发展的不同阶段，污染治理工具的选择和组合会有所不同，某种特定制度的选择是由对与经济发展水平相联系的更为有效的制度绩效的需求所引致的（史晋川和沈国冰，2002）。经济发展水平高的国家，普遍重视福利导向的公共政策议程，随着人们环保意识的不断增强，为实现环境目标与经济目标的双赢，将带来环境管理方式和手段的创新，包括环境审计在内的新的政策工具会不断涌现。

基于以上分析，提出如下假设：

假设 1　经济发展水平与是否开展环境审计呈正显著相关，一国的经济发展水平越高，该国越可能开展环境审计。

11.2.2　环境保护投资

由于环境资源的公共产品属性以及环境污染的负外部性，政府生态建设和污染治理的资金主要来源于公共财政。在公共财政中，只有通过制度构建，形成一种有效的激励约束机制，才能缓解因契约不完备带来的机会主义行为，避免在公共资金使用中出现权力寻租、贪污腐败等道德风险和逆向选择行为。具体而言包括两方面：一是杜绝公权私用，防止公共资金用于谋私性的用途；二是保证公共资金的效用，最大限度提升公共资金使用绩效（任剑涛，2011）。

现代审计的功能随着受托经济责任内容的不断拓展而拓展（蔡春和陈孝，2006），环境审计是现代审计体系向高端发展的客观要求，也是受托经济责任内涵拓展引致更高层次审计目标需求的必然产物（蔡春等，2011）。环境审计的理论前提可以归结为可持续发展战略下的受托环境责任，为客观评价政府受托环境责任的履职情况，审计人员需要对各项环境计划所花费的资金进行审查，回答社会公众作为纳税人提出的环境支出是否合规使用，是否产生合理回报以及是否实现其预期目标等问题。随着环境保护投资的增长，与环保支出相关的审计业务将逐渐成为一种独立的审计类型。

基于以上分析，提出如下假设：

假设2 环境保护投资与是否开展环境审计呈正显著相关，一国的环境保护投资越大，该国越可能开展环境审计。

11.2.3 社会信息化程度

一方面，在区域环境治理中，为了寻求更好的环境规制效果，需要公民的广泛参与和共同合作（王惠娜，2012），而公众参与环境保护，其前提是环境信息披露。随着科学技术的快速发展，互联网成为获取和传播信息的重要媒介，推动了政府为主导、企业为主体和社会公众参与的环境治理体系的形成。在上述治理体系中，对政府和企业受托环境责任的履行情况，需要开展独立的监督鉴证，并向公众公告审计结果，环境审计在许多国家或地区相继被试点和采纳，用于与传统的规制工具共同构成政策网络，解决日益复杂的环境问题。

另一方面，信息化水平的提高为环境审计的发展提供了契机，环境审计不仅涉及财务数据，还包括自然资源、生态环境领域的大量业务数据，仅依靠传统的审计手段远远不够，信息技术能够为环境审计取证提供平台上的支持，实现财务数据和业务数据融合，提高审计工作效率。

基于以上分析，提出如下假设：

假设3 社会信息化程度与是否开展环境审计呈显著正相关，一国的社会信息化程度越高，该国越可能开展环境审计。

11.3　实证分析

11.3.1　变量定义和数据来源

根据上文的分析，实证分析的变量定义如下：

被解释变量。环境审计（*Envi*）为虚拟变量，若 *Envi* =1，表示开展了环境审计；若 *Envi* =0，表示未开展环境审计。

解释变量。经济发展水平选用人均国内生产总值（*Pgdp*，千美元）表示；环境保护投资因各国的国内数据难以获取，故选用各国对世界环境基金的捐助（*Invest*，千美元）作为代理变量；信息化水平选用每一百人互联网用户（*Webnet*，人）表示。

控制变量。本书考虑以下 3 个控制变量：（1）污染排放现状，选用单位面积 SO_2 排放量（*Pollute*，千克/平方公里）表示；（2）邻国的环境审计决策，选用虚拟变量 *Neigh* 表示，*Neigh* =1 表示邻国开展环境审计，*Neigh* = 0 表示邻国未开展环境审计；（3）国家审计体制，选用 2 个虚拟变量，司法型审计体制用 *Court* 表示，行政型审计体制用 *Office* 表示，如果 *Court* =0，*Office* =0，则代表立法型（含独立型）审计体制。

本书选择 2010 年作为研究的时点，所有参与检验的国家都采用 2010 年度的数据。被解释变量的数据来源于最高审计机关环境审计工作组（Environmental Audits Worldwide，EAW）数据库。解释变量和控制变量的数据来源于世界银行的全球金融发展（Global Development Finance，GDF）数据库、国际货币基金组织的世界经济展望（World Economy Outlook，WEO）数据库、联合国环境规划署的年度报告以及耶鲁大学环境绩效指数（*Epi*）的测评网站（http：//epi. yale. edu/）。经过资料整理并考虑相关数据的可获得性，最终确定样本规模总计 150 个。

11.3.2　模型设定

一国是否开展环境审计只有两种可能，要么开展（$Envi = 1$），要么不开展（$Envi = 0$），需要采取二元选择模型进行估计。在二元选择模型中，Logit 模型与随机效用最大化模型是一致的，本书认为一个国家环境审计的开展是效用最大化的结果，故选择 Logit 模型。

11.3.3　描述性统计

由表 11 - 1 可知，在 150 个参与检验的国家中，有 89 个国家开展了环境审计，61 个国家未开展环境审计，开展环境审计国家的比例是 59.33%。其中，欧洲国家开展环境审计的比例最高，达到 83.78%，其次是美洲国家，为 65.38%，最低的是非洲国家，仅为 39.53%。

表 11 - 1　　　　　　　世界各国环境审计开展情况

状态	亚洲	欧洲	非洲	美洲	大洋洲	合计
开展（个）	21	31	17	17	3	89
未开展（个）	18	6	26	9	2	61
小计（个）	39	37	43	26	5	150
开展的比例（%）	53.85	83.78	39.53	65.38	60.00	59.33

从表 11 - 2 可知，总体上看，参与检验各国的经济和社会发展水平存在一定的差异性，主要变量的这种数据特征有助于更好地分析不同国家的环境审计制度选择倾向。从分组数据看，开展环境审计国家的各解释变量的均值要普遍高于未开展环境审计的国家，这为分析环境审计制度选择的影响因素提供了初步的证据。

表 11 - 2　　　　　　　　　　　　主要变量的描述性统计

变量	全部样本			开展环境审计（$Envi = 1$）			未开展环境审计（$Envi = 0$）		
	样本量	均值	标准差	样本量	均值	标准差	样本量	均值	标准差
$Pgdp$	150	13. 45	18. 82	89	15. 78	18. 40	61	10. 05	19. 07
$Invest$	150	569. 87	1 823. 84	89	941. 20	2 298. 12	61	28. 08	107. 75
$Webnet$	150	35. 05	28. 14	89	42. 25	28. 21	61	24. 56	24. 70
$Pollute$	150	6. 09	30. 72	89	3. 37	6. 92	61	10. 07	47. 40
$Neigh$	150	0. 81	0. 39	89	0. 83	0. 38	61	0. 79	0. 41
$Court$	150	0. 24	0. 43	89	0. 19	0. 40	61	0. 31	0. 47
$Office$	150	0. 09	0. 28	89	0. 07	0. 25	61	0. 11	0. 32

11.3.4　回归分析结果

采用 SPSS 18. 0 统计软件，对样本数据进行 Logit 模型回归，回归分析结果如表 11 - 3 所示。

表 11 - 3　　　　　　　　　　　　Logit 回归分析结果

变量	模型 1		模型 2		模型 3	
	系数	z 值	系数	z 值	系数	z 值
C	0. 153036	0. 361479	0. 179547	0. 417444	- 0. 622775	- 1. 258496
$Pgdp$	0. 021685	1. 977852 **				
$Invest$			0. 003050	1. 770770 *		
$Webnet$					0. 028943	3. 764652 ***
$Pollute$	- 0. 013303	- 1. 171810	- 0. 011320	- 0. 906560	- 0. 023683	- 1. 173315
$Neigh$	0. 351875	0. 802683	0. 315085	0. 686850	0. 476699	1. 026841
$Court$	- 0. 774061	- 1. 905206 *	- 1. 003069	- 2. 278029 **	- 0. 629938	- 1. 471095
$Office$	- 0. 706715	- 1. 173535	- 0. 774013	- 1. 246440	- 0. 593295	- 0. 968671
$Prob$（$LR\ statistic$）	0. 038727		0. 000040		0. 000176	
$Log\ likelihood$	- 95. 47986		- 87. 43552		- 89. 10380	
$Akaike\ info\ criterion$	1. 353065		1. 245807		1. 268051	
$Schwarz\ criterion$	1. 473490		1. 366232		1. 388476	

注：*、**、*** 分别表示该系数在 10%、5%、1% 水平上显著。

在模型 1 中，*Pgdp* 的系数为正，且在 5% 的水平下显著，假设 1 得到验证。在模型 2 中，*Invest* 的系数为正，且在 10% 的水平下显著，假设 2 得到验证。在模型 3 中，*Webnet* 的系数为正，且在 1% 的水平下显著，假设 3 得到验证。

在参与检验的三个模型中，*Pollute* 的系数皆为负，但其 *z* 值较小，未通过显著性检验。三个虚拟变量 *Neigh*、*Court*、*Office*，只有 *Court* 的回归系数是显著的。

回归分析的结果表明，一国的经济发展水平、环境保护投资和社会信息化程度对该国环境审计制度的选择产生了显著性影响。

11.4　符合性检验

回归分析中参与检验的国家并未包括中国的数据。为进一步分析我国当前的经济社会条件下，是否适合开展环境审计，我们利用回归分析中通过显著性检验的影响因素，重新构建 Logit 模型，在此基础上利用我国近年的经济社会发展数据对其开展环境审计的概率值进行预测。考虑到 *C*、*Pollute*、*Neigh* 和 *Office* 的回归系数并不显著，因此，符合性检验的解释变量仅包括 *Pgdp*、*Invest*、*Webnet* 和 *Court*。经计算得到的 Logit 模型为：

$$\text{Ln} \frac{p}{1-p} = -0.100941 \times Pgdp + 0.007844 \times Invest$$
$$(-3.006^{***}) \qquad (2.3021^{**})$$
$$+0.038909 \times Webnet - 0.905665 \times Court \qquad (11-1)$$
$$(3.6345^{***}) \qquad (-2.161447^{**})$$

其中，*p* 为开展环境审计的概率值。

由式（11-1）可知，虽然各解释变量的回归系数都在 5% 或 1% 的水平下显著，但 *Pgdp* 的系数为负，与前文分析和预期结果相反，说明可能存在多重共线性问题。进一步地分析发现 *Pgdp* 与 *Webnet* 之间的相关系数高于 0.5，说明两者具有较高的相关度。在表 11 - 3 中由于采取逐步回归的方法，故不会影响实证分析结果，但如果将上述解释变量全部放在同一个方程中用于预测，则可能会产生偏误。

利用主成分回归处理共线性问题。首先计算特征值和特征向量，如表 11 - 4 所示。

表 11 - 4　　　　　　　　　　　主成分分析结果

项目	1	2	3	4
Value	2.241250	1.003605	0.573456	0.181689
Proportion	0.5603	0.2509	0.1434	0.0454
Cumulative Proportion	0.5603	0.8112	0.9546	1.0000
变量	*F1*	*F2*	*F3*	*F4*
Pgdp	0.612077	0.078677	- 0.325996	- 0.716170
Invest	0.504424	0.085828	0.857718	0.050108
Webnet	0.605918	- 0.050246	- 0.391658	0.690610
Court	- 0.061502	0.991927	- 0.068198	0.087451

各主成分是原始变量的线性组合，且彼此不相关，由表 11 - 4 可知，主成分 $F1$、$F2$ 的累计贡献已经超过 80%，所以取前两个主成分变量建立主成分回归方程，如表 11 - 5 所示。

表 11 - 5　　　　　　　　　　　主成分回归分析结果

项目	系数	标准误	z 值	概率
F1	0.413875	0.121477	3.407019	0.0007
F2	- 0.254679	0.178204	- 1.429144	0.1530
Log likelihood		- 97.01694		
Avg. log likelihood		- 0.646780		
Akaike info criterion		1.320226		
Schwarz criterion		1.360368		

利用表 11 - 5 中 $F1$ 和 $F2$ 的系数，求解原回归模型中的系数，再次计

算得到 Logit 模型：

$$\text{Ln}\frac{p}{1-p} = 0.006109 \times Pgdp + 0.0000505 \times Invest$$
$$+ 0.004616 \times Webnet - 0.31873 \times Court \qquad (11-2)$$

比较式（11-1）和式（11-2），可以发现利用主成分回归消除多重共线性的影响后，解释变量系数的估计值发生了较大变化，尤其是 *Pgdp* 的符号由负号变成了正号，经济意义更加合理。

对式（11-2）进行变换得到：

$$p = \frac{e^{0.006109 \times Pgdp + 0.0000505 \times Invest + 0.004616 \times Webnet - 0.31873 \times Court}}{1 + e^{0.006109 \times Pgdp + 0.0000505 \times Invest + 0.004616 \times Webnet - 0.31873 \times Court}} \qquad (11-3)$$

我国未采取司法型审计体制，故 *Court* = 0，利用 2010 年的 *Ggdp*、*Invest* 和 *Webnet* 数据，根据式（11-3）计算得出我国在"十一五"期末开展环境审计的概率值 *p* 为 55.256%，为进行趋势分析，利用 2010~2016 年的相关数据计算的概率值 *p* 如表 11-6 所示。由表 11-6 可知，各年度我国开展环境审计的概率值皆大于 50%，并呈逐年上升的趋势，说明在当时的经济社会条件下，我国开展环境审计的时机已经基本成熟。

表 11-6　　　　　**2010~2016 年我国开展环境审计的概率**　　　　单位:%

概率	2010 年	2011 年	2012 年	2013 年	2014 年	2015 年	2016 年
p	55.256	55.863	56.132	57.865	58.112	59.076	61.287

11.5　研究结论

在我们的研究框架下，不同国家的国别数据提供的经验证据表明，环境审计制度选择的三项影响因素分别得到了证实。这说明一个国家是否选择环境审计制度，受到该国经济发展水平、环境保护投资、社会信息化程度的影响。作为新型的污染治理工具，环境审计只有在经济发展水平较高、环保财政支出较大、信息化基础较好的国家才更容易被采纳（黄溶冰，2013b）。从审计体制的角度来看，司法型国家（*Court*）的最高审计机关较少地开展环境审计，这可能是由于上述国家的最高审计机关被赋予了独特的司法权，能够审查和追究当事人的财务责任，具有微观特征，而环境审计则要求最高审计机关更多地体现宏观服务职能。污染排放现状（*Pollute*）的系数为负，但未通过显著性检验，可能的解释是污染排放比较严重的国家，往往也是经济不发达的国家，经济发展与环境保护在这些国家仍然是"两难"的选择，导致包括环境审计在内的各项制度设计并不健全。邻国环境审计决策（*Neigh*）的影响亦不显著，这表明环境审计的开展目前仍然是各最高审计机关根据本国客观实际自主选择的结果。

　　符合性检验的结果表明，我国开展环境审计的条件和时机已经成熟。作为新型市场化国家，我国应在强化传统规制工具的同时，以促进贯彻落实节约资源和保护环境的基本国策为目标，不断适应经济社会发展形势的变化，通过开展环境审计，检查国家环境政策法规贯彻落实、资金分配管理使用和环保工程项目的建设运营情况，发挥审计监督在自然资源管理与环境保护中的建设性作用，推动生态文明建设。

| 第 12 章 |

环境审计的审计结果公告

12.1 引　言

近年来，我国各级审计机关先后开展了一系列的环境审计项目，但与注册会计师审计研究可以在资本市场上获取充分的公开数据相比，以政府审计主导的环境审计研究的公开数据相对较少，大量的证据资料多以描述型而非数据型的形式分布在公开披露的审计结果公告、审计工作报告以及未公开披露的审计报告和审计工作底稿中。

内容分析法（Content Analysis）开始于第二次世界大战时期的军事情报研究，现已广泛应用于传播学、政治学和管理学研究中的许多领域（周志超，2021）。作为一种分析文本材料的结构化方法，内容分析法通过一系列的转换范式将非结构化文本中的自然信息转换成为可以用来定量分析的结构化的信息形态（Harwood and Garry，2003），主要用于分析议会声明、司法条文、政府工作报告、案例调查报告、新闻出版物、报刊书籍、专栏文章和信函等（Fico et al.，2008）。因此，本书将内容分析法作为一种定量分析工具，以审计机关发布的审计结果公告作为内容分析的研究对象，通过对 2006~2011 年和 2016~2018 年环境保护政策执行情况，资金征收、管理、使用情况以及项目建设运营情况进行分析，以期为各级政府以及有关部门加强环境保护工作提供决策参考。

12.2 研究设计

围绕研究问题和研究对象，本章按照数据来源与样本选择、类目设定与材料编码、信度和效度检验等步骤开展研究。

12.2.1 数据来源与样本选择

数据采集自审计署及地方审计机关有关环境保护的审计结果公告，上述公告可以在审计署和各级审计机关的网站获取。2006～2011 年样本总量 87 份，包括：审计署的审计结果公告 15 份；地方审计机关的审计结果公告 72 份，其中，东部省份 28 份、中部省份 24 份、西部省份 20 份。2006～2011 年的样本量分别为 11 份、12 份、15 份、17 份、16 份、16 份。2016～2018 年样本总量 60 份，包括：审计署的审计结果公告 7 份；地方审计机关的审计结果公告 53 份，其中，东部省份 18 份、中部省份 23 份、西部省份 19 份。2016～2018 年的样本量分别为 21 份、17 份、22 份。

12.2.2 类目设定与材料编码

"经济性""效率性""效果性"原则（即"3E"原则），作为公共支出绩效评价的基本原则（Afonso et al.，2005；黄溶冰和赵谦，2012），同时也是审计机关开展绩效审计的切入点。结合我国国情，审计机关对环境保护的政策执行、资金使用以及项目运营的审计评价都是在审查"真实性""合规性"基础上开展的，并在审计结果公告中披露所发现问题整改落实的"回应性"情况。因此我们将真实性、合规性、经济性、效率性、效果性、回应性设定为分析类目，对每个类目的特征进行了定义。

选择自然编码的方式，遵循详尽、独立与互斥的原则，选择审计结果公告中与上述特征相关的词汇作为主题词，抽取样本中的关键信息，用于对审计结果公告的内容进行量化标记。类目体系和主题词如表 12 - 1 所示。

表 12 - 1 环境保护项目的审计评价类目体系

序号	类目	特征定义	相关主题词
1	真实性	所记录的事项真实存在，不存在虚假和错弊	客观透明、挤占挪用、虚假申报、重复申报、套取资金、截留占用、改变资金用途
2	合规性	经济活动遵循法律、法规和有关规章制度的规定	规范公允、应缴未缴、欠征、未按规定使用、未招投标、违规分转包、虚假编制报告
3	经济性	以最低费用取得一定质量的资源，即支出是否节约	（未）及时到位或拨付、损失浪费、资金闲置、成本超支（节约）、超预算、超投资
4	效率性	以最小的投入得到预期的产出水平，或以既定的投入水平得到最大的产出效果	（未）达到设计能力、进度延误、未建设、未开工、工程质量缺陷、运营效率低
5	效果性	与预期的目标相比较，工程、计划或项目实现结果的程度	（未）完成预期目标、关停并转、减少（超标）排放、降低能耗、制度不完善、管理不规范
6	回应性	对于审计机关发现的问题，被审计单位的整改落实情况	归还资金、补征补缴、督促完成、规范管理、整章建制、追究责任、处理处罚

由于主题词需联系上下文才能作出准确的类目归属判断，因此，本章以审计结果公告的有效语干为分析单元（包括标题、段落或句子）。以 2006～2011 年样本为例，在 87 份审计结果公告中，两名研究人员共同筛选出有效语干 473 条，在此基础上进行编码，如表 12 - 2 所示。在分析单元中，每出现一次相关主题词便计数一次，计算分析各类目的频次。

表 12 – 2　　　　　　　　　　　　**编码表**

2011 年第 36 号：黄河流域水污染防治与水资源保护专项资金审计调查结果

（二〇一一年八月一日公告）

一、黄河流域水污染防治和水资源保护工作情况与取得的成效

审计调查结果表明，"十一五"期间……

（一）……

（二）……

（三）黄河干流水质总体好转（效果性）

……

二、审计调查发现的主要问题及整改情况

（一）……代征单位欠征水资源费 2.16 亿元、污水处理费 3 581.90 万元（合规性）……

审计调查指出上述问题后……补征补缴水资源费、污水处理费和排污费 4 281.46 万元（回应性）

（二）……截至 2010 年底……仍有 56 个未完工，占规划要求的 22.13%（效率性）

……

12.2.3　信度和效度检验

（1）信度检验。为判断编码者对于审计结果公告中的分析类目在多大范围内达成统一的意见（即编码者信度），我们采用科恩（Cohen）的 K 系数法（Kappa 法）进行信度检验，根据经验，当 K 系数超过 0.69 时，就"有理由"认为通过了信度检验（Kvalseth，1991）。

首先，随机抽取 10 份审计结果公告（含有效语干 55 条），由两名研究者围绕主题词按照二值数据（有或无，是或否）的编码规则独立进行编码，判断主要研究者对于同样分析单元评价的一致性程度，比较编码的结果发现，其内在一致性系数为 0.947。

其次，邀请四位独立参与者（财务、会计、审计、金融相关专业的四位年轻博士）进行编码，在编码前，四位编码人员都进行了相应的编码学习，比较四位参与者的编码结果，他们的内在一致性系数为 0.823。

最后，比较主要研究者前后相隔大约 8 周的编码结果，编码者的外在一致性系数为 0.922。

信度检验结果如表 12 – 3 所示。

表 12－3　　　　　　　　　　　　　　信度检验结果

信度类型	综合一致性系数（K）
内在一致性信度（两名研究者之间）	0.947（$n=55$）
内在一致性信度（四名独立参与者之间）	0.823（$n=55$）
外在信度	0.922（$n=55$）

（2）效度检验。我们采取内容效度和专家效度相结合的效度检验方法。首先，本研究中分析类目的设定建立在以往研究的基础之上，具有较好的理论基础和广泛的受众接受程度。其次，主题词的选择经过两名研究者的反复讨论，对于未能达成一致意见的主题词，征询了在该领域有更为深入研究的专家的意见。最后，编码过程严格遵循编码程序，在正式编码前，编码人员进行了学习和培训，并根据预编码结果，去除了一些信度较低、意义不清晰的无效语干。

12.3　结果分析与讨论

12.3.1　2006～2011 年审计结果公告的内容分析

由于采取研究者两人编码方案，在 473 条有效语干（分析单元）中涉及相关审计评价的累计频次为 946 条。

12.3.1.1　总体评价

有关各类目审计评价的频次按成绩和问题进行统计，结果如表 12－4 所示。

由表 12－4 可知，关于环境保护的政策执行，资金征收、管理、使用以及项目建设运营情况的成绩有 264 条、问题有 682 条。这一统计结果也符合审计监督的本质，即通过审计实施，发现问题、揭示风险、提出解决问题的整改意见和建议。在成绩方面，回应性、效果性、效率性和合规性方面的审计评价居于前列，分别占34.09%，25.76%，18.18%和14.39%，这说明作为弥补"负外部性"的公共产品，我国各级政府的环境保护公共支出在总体上加强了污染治理设施的建设和运营，促进了节能减排工作的开展，提高了环境质量。同时，审计意见和建议在一定范围内得到了整改落实，环保资金的支出和管理也日益规范。

表12-4　　　成绩和问题的内容分析统计结果（2006～2011年）

分析类目	成绩		问题		总计	
	频次（条）	所占比例（%）	频次（条）	所占比例（%）	频次（条）	占总频次比例（%）
真实性	15	5.68	138	20.23	153	16.17
合规性	38	14.39	201	29.47	239	25.26
经济性	5	1.89	88	12.90	93	9.83
效率性	48	18.18	108	15.84	156	16.49
效果性	68	25.76	141	20.67	209	22.09
回应性	90	34.09	6	0.88	96	10.15
合计	264	100.00	682	100.00	946	100.00

在问题方面，合规性、效果性、真实性、效率性方面的审计评价居于前列，分别占29.47%，20.67%，20.23%，15.84%。合规性、效果性的成绩与问题并存，说明我国环境保护的政策执行，资金征收、管理、使用以及项目建设运营情况中仍存在一些不规范和不真实的问题，其中，比较典型的包括：应缴未缴（涉及46份公告）、未招投标（20份公告）、欠征（16份公告），挤占挪用（35份公告）和改变资金用途（28份公告）等。同时，虽然在总体上成绩比较明显，但具体到各个项目、单位或部门，仍存在诸如未实现预期的污染治理目标（涉及41份公告）、未达到预期设计能力（33份公告）、管理不规范（20份公告）、制度不完善（18份公告）等不足。

12.3.1.2　地域分布特征

有关各类目审计评价的频次，按所在区域进行统计，结果如表12-5所示。

表 12 - 5　　　地域分布特征的内容分析统计结果（2006～2011 年）　　　单位：条

地域分布特征		真实性		合规性		经济性		效率性		效果性		回应性	
		成绩	问题	成绩	问题	成绩	问题	成绩	问题	成绩	问题	成绩	问题
审计署		7	66	17	95	2	42	23	49	32	70	72	5
地方审计机关	合计	8	72	21	106	3	46	25	59	36	71	18	1
	东部	2	12	8	18	1	12	9	40	16	40	10	0
	中部	3	15	6	20	0	15	8	12	12	25	6	1
	西部	3	45	7	68	2	19	8	7	8	6	2	0

表 12 - 5 中，从主题词的分布来看，在真实性、合规性、经济性、效率性和效果性方面，不同审计主体之间的审计评价差异不明显；但在回应性方面，审计署比地方审计机关拥有更高的整改落实力度。从东部、中部、西部地区来看，西部地区和东部、中部地区相比，更多地出现真实性、合规性问题；东部地区和西部地区相比，更多地出现效率性、效果性问题。

12.3.1.3　时间分布特征

有关各类目审计评价的频次，按 2006～2011 年的时间变化趋势进行统计，结果如表 12 -6 所示。

表 12 -6　　　时间分布特征的内容分析统计结果（2006～2011 年）

时间分布特征	成绩评价	问题评价
波动衰退型		经济性
凸对称型		真实性、效率性
波动增长型	回应性	效果性
稳定型		合规性

由表 12 -6 可知，经济性问题的审计评价属于波动衰退型，表明环境保护的政策执行，资金征收、管理、使用和项目建设运营中，未及时到位（拨付）、损失浪费、资金闲置，以及超预算、超投资等现象曾经比较普遍，但在近期已经呈显著下降趋势。真实性、效率性问题的审计评价皆属于凸对称型，表明挤占挪用、套取资金、截留占用、改变资金用途等真实

性问题，以及未达到设计能力、工程质量缺陷、进度延误等效率性问题在一段时期比较严重，问题突显，但已经得到一定程度缓解。效果性问题的审计评价属于波动增长型，表明环境保护政策执行效果，财政资金的有效利用，以及污染治理、绿色发展的目标完成情况是近年来持续增长的突出问题。回应性成绩的审计评价也属于波动增长型，表明审计问责逐渐得到重视，被审计单位能够通过整章建制、规范管理，促进所发现问题的解决，但根据表 12-5 的分析，回应性在中央层面要比地方层面开展得好。合规性问题的审计评价属于稳定型，表明欠征未缴、未按规定使用、未招投标等合规性问题，一直是未得到有效解决的"老大难"问题。

12.3.2　2016～2018 年审计结果公告的内容分析

根据 2016～2018 年相关审计结果公告的统计，在 254 条有效语干（分析单元）中，涉及审计评价的累计频次为 508 条。

12.3.2.1　总体评价

各类目审计评价的频次按成绩和问题进行统计，结果如表 12-7 所示。

表 12-7　　　成绩和问题的内容分析统计结果（2016～2018 年）

分析类目	成绩		问题		总计	
	频次（条）	所占比例（%）	频次（条）	所占比例（%）	频次（条）	占总频次比例（%）
真实性	4	2.77	58	16.33	62	12.30
合规性	5	3.28	102	28.68	107	21.13
经济性	6	3.96	39	10.96	45	8.88
效率性	15	9.84	62	17.34	77	15.11
效果性	4	2.50	90	25.14	94	18.41
回应性	117	77.65	6	1.55	123	24.17
合计	151	100.00	357	100.00	508	100.00

从表 12 - 7 可知，相比于 2006 ~ 2011 年、2016 ~ 2018 年审计结果公告中，成绩方面，回应性得到了明显提升，无论中央还是地方都有专门发布的审计整改结果公告。问题方面，真实性、合规性、经济性的问题所占比例有所降低，效率性、效果性的问题所占比例有所增加。这一方面反映了环境保护的政策执行，资金征收、管理、使用以及项目建设运营情况的规范性得以逐年提高；另一方面也反映了我国审计机关工作重点的转变，更加关注环境保护政策、资金和项目的绩效问题，更加重视投入产出效率和环境保护目标实现情况。

12.3.2.2　地域分布特征

各类目审计评价的频次，按所在区域进行统计，结果如表 12 - 8 所示。

表 12 - 8　　　地域分布特征的内容分析统计结果（2016 ~ 2018 年）　　　单位：条

地域分布特征		真实性		合规性		经济性		效率性		效果性		回应性	
		成绩	问题	成绩	问题	成绩	问题	成绩	问题	成绩	问题	成绩	问题
审计署		2	17	1	30	2	15	4	24	1	32	94	1
地方审计机关	合计	2	41	4	72	4	24	11	38	3	58	23	5
	东部	1	10	2	13	2	9	4	10	1	20	15	3
	中部	1	14	2	26	1	8	3	17	1	26	6	2
	西部	0	17	1	33	1	7	4	11	1	12	2	0

从表 12 - 8 可知，2016 ~ 2018 年审计结果公告中，审计署层面的回应性要高于地方审计机关，表现出更高的审计整改力度，这与 2006 ~ 2011 年审计结果公告是一致的；在地方审计机关层面，东部地区的回应性相对于中部、西部地区要更加积极。此外，中部地区表现出相对较多的效率性、效果性问题，西部地区表现出相对较多的真实性、合规性问题。与 2006 ~ 2011 年审计结果公告相比，东部地区出现经济性、效率性和效果性问题的比例有所降低，说明整章建制、规范管理取得了一定的效果。

12.4　研究结论

本章采用内容分析法，对审计结果公告中环境保护相关的政策执行，资金征收、管理、使用以及项目建设运营情况进行分析，具体地，我们从真实性、合规性、经济性、效率性、效果性、回应性 6 个类目进行了分析讨论。

环境保护公共财政支出中的成绩与问题并存。尤其是合规性和效果性方面仍存在不少问题，环境公共财政需要在规范支出的前提下，不断提高资金的使用效果。

审计署和地方审计机关在回应性审计评价方面存在显著差异，审计署因独立性高在问题整改落实方面表现出更强的权威性。西部省份真实性、合规性问题表现得比较显著，面临如何规范管理的问题；而东部、中部省份的效率性和效果性问题表现得比较显著，面临如何改善绩效的问题。

2016～2018 年审计结果公告与 2006～2011 年审计结果公告相比，审计机关的整改力度得到明显加强，体现在回应性的提高。但真实性、合规性，以及经济性、效率性和效果性存在的问题仍不容忽视。

| 第 13 章 |

环境审计典型案例

13.1　国外环境审计典型案例

13.1.1　美国审计署的经验

美国审计署（GAO）在环境政策评估方面包括了许多报告，这些报告鼓励国会和行政机关将资源和注意力转向给人体健康和环境带来最大风险的环境问题。以 GAO 对《安全饮用水法案》的评估为例，该法案 1980 年设立，GAO 自 1986 年开始对其政策目标实现情况进行审计评估，此后该法案几经展期，GAO 一直予以持续跟踪。2008 年 9 月 30 日该法案最后一次授权期限结束，2009 年 6 月，GAO 再次对以前年度审计评估结果进行了总结及反馈，跟踪期长达 24 年。

在 20 世纪 80 年代，美国国会开始日益依赖 GAO 处理替代政策条文的潜在影响，国会通常将这些替代政策条文视作以前年度制定的法律的变更。国会之所以有兴趣这样做，是因为其认识到法律的变化能够纠正计划执行最初几年出现的意外问题，或者有助于成文法更好地实现预期目的。结果，GAO 的许多任务不仅仅是回答"计划运行如何"这样的问题，还要回答更基本的问题："法律中包括的总体框架本身是否需要变更，以使其更具经济性、有效性或者通过其他方式予以改善？"

根据"重新授权"流程，美国国会需要系统地考虑即将到期的法律，以便及时进行修正。在这样的情况下，GAO 环境审计中面临的问题从环境保护署（EPA）以及其他环境组织根据授权法案（现有的法定要求）开展工作的情况转向这些法案自身是否需要变化（GAO，2012）。

以《安全饮用水法案》为例（如图 13 - 1 所示），GAO 对该法案实施了审计（如①所示），这些审计往往发现饮用水系统不符合《安全饮用水法案》的关键规定，但这种不符合规定在很多情况下恰恰是由于该法案的某些要求产生的成本增加而导致的（如②所示）。问题显得十分严重，以至于决策者开始怀疑法律本身的可行性和合理性，或者政策本身是否需要根本性变化（如③所示）。国会针对饮用水计划提出的许多问题从"饮用水系统、各州以及环境保护署是否符合计划要求"转向更具有政策导向的问题——"法定要求和计划要求本身是否需要变化，以便以能够承受的成本保护饮用水水源"（GAO，2007）。

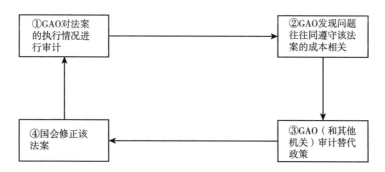

图 13 - 1　GAO 对《安全饮用水法案》的审计

在审计中，GAO 通过大量报告、证词以及辨识现有法律的变化来处理这一问题，以使州和地方政府能够以更加经济有效的方式保护水源。例如，其中一项报告注意到，法律要求 EPA 每三年增加监管 25 种饮用水污染物，而几乎不考虑这些污染物的相对风险。GAO 的审计报告指出监管机构资金预算十分有限，实际上很难严格履行法律上规定的上述义务，并得出结论：取消这项要求有助于"将现有的资源有效分配给对于各州和地方饮用水保护显然更为重要的活动"。国会最终修正了该项法律条款，从而从根本上处理了这一问题及相关问题（如④所示），GAO 根据法案的修订版进行了跟踪审计（如①所示）（GAO，2006a，2006b，2007）。

针对《安全饮用水法案》的一系列跟踪审计，最突出的是 GAO 发布的一份报告《饮用水：专家们对如何最好地利用联邦资金改善安全的看法》（*Dringking Water*：*Experts' Views on How Federal Funding Can Best Be Spent to Improve Security*），报告注意到美国一些饮用水环境计划的目标在很大程度上都未实现，一个重要原因是现有资金未能被有效地用于解决最严重的问题。报告引用了科学家们的意见，科学家们一致认为 EPA 拨款的优先顺序依赖于公众对不同环境问题风险的错觉，而不是依据对这些环境风险的科学评估。报告建议国会和 EPA 共同寻找机会，发起对有关环境风险的公众教育活动，将资源从风险较低的问题转移到风险较高的问题（GAO，2006a）。

13.1.2　荷兰审计院的经验

温室效应是一个全球性的环境问题，它的严重后果是导致海平面上升。荷兰是低于海平面的国家，对温室效应尤为关注，所制定的气候变化政策涉及经济事务部、交通部、环境部、农业部和财政部等多个部门。荷兰审计院（Netherlands Court of Audit，NCA）在审计规划中非常重视温室气体排放问题，并将审计力量集中在减灾政策（目标是防止气候变化）和适应政策（目标是应对气候变化带来的后果）的评估上（NCA，2009）。

（1）审计目标。1999 年，在荷兰排放的温室气体中，CO_2 占 80%，CH_4 和 N_2O 等其他温室气体约占 20%。针对这种情况，NCA 的工作重点主要是促进 CO_2 减排管理和报告的改进完善，通过审计政府政策措施、项目和资金等举措提高 CO_2 减排成效，通过评估 CO_2 排放规划和政策促进政府科学决策等。NCA 于 2007 年 12 月至 2008 年 10 月，对 2000~2005 年削减 CO_2 排放情况进行了审计，目的在于明确如下问题：

①有关温室气体减排的政策目标是否明确可行；

②有关政策制定和实施效果的信息提供是否充分可信；

③相关政策的协调配合情况。

审计范围涵盖了工业、能源、交通、农业和个人家庭等温室气体排放政策涉及的主要关系人。

（2）审计结果。NCA 的碳减排审计具有典型的绩效审计特征，包括对政策的法定目标实现程度的评价（效果审计），也包括对政策措施、协调、实施效率的审计（管理审计）。NCA 研究分析了各个行业的政策措施，审核了执行气候变化政策所用的一般财政工具，并检查了荷兰政府依据《京都议定书》的承诺制定的各项政策等。NCA 的审计结果包括如下方面：

①政策目标。削减 CO_2 排放问题的政治意义很大，但政策目标并不清晰。自 2000 年起就没有确定具体的行业分解目标，2002 年后各部门也不再负责其主管行业的削减目标，而把工作重点放到提高能源利用效率上，这样一来，政策目标就弱化了许多。相比而言，能源、农业和个人家庭等的目标明确程度总体好于工业或交通行业。

②政策制定。相关政策工具缺乏对不同行业的问题研究、事前评估和成本分析等，许多政策措施没有支撑证据。与其他行业相比，工业和交通行业的政策分析质量较差。

③政策实施。削减 CO_2 排放的政策措施实施滞后。从 2000 年起该项计划的专项预算为 4.25 亿欧元，到 2005 年才允诺了 1.97 亿欧元，而实际只拨付了 2 100 万欧元。

④政策效果。2005 年 CO_2 排放与 2000 年相比削减 3% 的目标未能实现，相反还上升了 8%。审计院认为，在 2008～2012 年间能否完成削减目标无法确定。

NCA 于 2008 年底向议会提交了审计报告，并公开了审计结果，NCA 在审计公告的结论中指出，现行政策缺乏一致性，政策制定环节存在缺陷，一些政策实施缺乏可行性，缺少强制性措施，大型能源用户可能会逃脱惩罚，负责政策协调的部门在具体措施上工作不力。如果沿袭现在的政策，能否实现 2008～2012 年的 CO_2 减排目标将无法确定。

（3）审计建议。NCA 在审计建议指出，鉴于 2012 年能否完成削减目标尚不能确定，当前政府一项重要工作就是详细制定并落实 CO_2 减排的有关政策，包括：

①政策的协调和实施，对有关部门分配任务和职责；

②加强政策的一致性和连续性，停止新项目的审批，确保各项政策目标的统一归口；

③重视政策支持和实施成效；

④充分考虑外部因素和其他有关政策的影响；

⑤努力改善各部门的政策制定工作，尤其是事前评估和成本分析；

⑥赋予负责政策协调的住房、自然规划和环境部以更大的权力，根据政策目标制定排放削减指南，并扩大到其他行业和部门。

（4）审计落实。审计报告涉及的有关政府部门向议会汇报了削减 CO_2 排放的政策制定、执行与职责履行情况，回答了议会公共管理最高委员会的质询。NCA 的大部分审计建议得到采纳，并在新一轮（2008～2012 年）碳减排规划中予以体现。

13.1.3 经验启示

综合美国和荷兰的环境审计经验，有以下几点值得借鉴：

第一，环境审计是一种跟踪审计，历时期限通常较长，以期全面地、客观地反映政策的实施效果。

第二，对于审计中发现的问题，有针对性地提出审计建议，并不断予以完善，是一个执行→评估（审计）→完善（修订）→再执行→再评估（审计）→……的循环过程。

第三，环境审计既包括对政策的法定目标实现程度的效果审计，也包括对政策制定、协调、实施效率的管理审计，实质上是一种综合绩效评估。

第四，审计结果绝大多数公开披露，社会公众获取审计报告的渠道包括官方网站、广播电视、报纸杂志、新闻发布会以及审计署（院）的新闻中心等。

第五，在审计过程中遇到的前沿性、专业性的技术问题，往往聘请相关领域的专家提供专家意见，以弥补审计力量的不足和审计能力的局限。

13.2　江苏省沿江 8 市水污染防治审计①

13.2.1　项目基本情况

为深入贯彻落实习近平总书记关于长江经济带"共抓大保护、不搞大开发"的重要指示精神，打好长江水污染防治攻坚战，2020 年上半年，江苏省审计厅组织 4 个督导组，分赴沿江 8 市开展水污染防治审计。

此次审计工作围绕长江保护修复攻坚战、太湖治理攻坚战、水源地保护攻坚战、黑臭水体治理攻坚战、固体废物污染防治攻坚战、污水收集处理及入河排污口整治、化工园区整治及化工污染治理、环保督察问题整改 8 个专题展开，重点关注水污染防治相关政策落实、目标任务完成、资金投入管理和项目建设运行绩效等情况。

此次审计的对象是江苏省沿江 8 市（南京、苏州、无锡、常州、镇江、扬州、泰州、南通）市、县（区、市）人民政府，以及财政、环保、建设、市政等主管部门和项目单位。

根据江苏省独特的水资源状况、水污染防治规定以及污染防治攻坚现状，确定此次审计的审计目标：

一是对 15 项省级文件中涉及的重点任务和重大工程的实施情况进行专项调查，总体评价《江苏省水污染防治工作方案》部署的水污染防治进展效果。

二是通过对水污染防治项目专项资金的筹集、拨付和使用情况进行审

---

① 根据江苏省审计厅审计结果公告及相关资料整理。

计，分析资金的使用绩效。

三是对污水治理效果、水源地水质检测结果进行审计，督促不达标、不合规问题进行整改。

13.2.2 审计成果

经过半年多努力，江苏省沿江 8 市水污染防治审计取得显著成果。截至 2020 年底，江苏省审计厅共提交 1 篇审计综合报告和 2 篇专题审计信息，得到了江苏省政府和主要领导的高度重视。各市审计部门上报同级政府综合报告及信息被采用 17 篇，促使出台或完善制度 27 项，财政资金拨付或落实至项目 7.37 亿元，推动建设 343 项工程项目，涉及总投资超 53 亿元，推动了一批突出的生态环境问题得到积极整改。

针对审计发现的"部分饮用水水源地一级保护区未划入生态保护红线"的问题，江苏省自然资源厅及时对未划入的相关区域进行了核对，并在 2020 年国家生态红线中期评估方案中进行了调整，将未纳入的饮用水水源地一级保护区全部纳入生态保护红线。同时，江苏省生态环境厅会同水利厅、自然资源厅召开保护区划分方案集中会审，督促地方抓紧推进水源地保护区划定，组织开展全省集中式饮用水水源地保护区矢量图制作，形成饮用水水源地保护区图集，接入生态环境大数据平台，加强对当地水源地的保护和管理。

13.2.3 经验启示

（1）加强工作指导和质量把控。为推进审计工作、把控审计质量，省审计厅组成 4 个督导组，每个组配备 1 名聘请的环保专家，分赴沿江 8 市对项目实施情况进行督导并实地参与项目审计。专家组听取审计组工作进展汇报，根据汇报的情况提出针对性的指导意见和建议，进一步梳理审计方向和重点，明确下一步工作安排，督促按时向省厅上报审计结果。

（2）推进审计"两统筹"。为了优化审计资源配置，提高审计监督效能，各审计组深入推进审计项目和审计组织方式"两统筹"，主要采取了以下方式：一是加强处室之间的协同联动。由业务处室牵头，综合处室参与，打破处室的专业界限。二是加强上下级的协同联动。一方面，市审计局参加省审计厅组织的培训，参考和借鉴省厅领导和专家的建议，及时向省厅汇报；另一方面，市审计局抽调区审计局的优秀骨干，编入市局审计组，使市局和区局审计力量相融合。三是加强部门之间的协同联动。充分利用环保、财政、市政、建设、水利等部门和单位的资源，通过部门间的信息共享、合作共审，解决专业性问题和信息不对称问题。

（3）加大非现场审计力度。此次沿江 8 市水污染防治审计项目的开展正值疫情期间，为了遵守疫情防控的要求，减少人员流动，克服审计资源的局限性，各市审计组加大了非现场审计力度。例如：南京市审计局通过 GIS、谷歌地球等技术，实现"集中分析、发现疑点"，有的放矢地勘察取证，查实相关问题；借助视频会议、大数据分析和填报表格等手段对水污染防治现状及资金情况进行审计，减少不必要的人员流动。

（4）创新审计方式、思维、模式。水污染审计项目的范围广、涉及对象多、内容复杂。为了充分挖掘线索，深入分析状况，发现和解决问题，实现审计应审尽审，各市审计局按照省审计厅的部署要求，在审计过程中加强创新。

创新审计模式。改变传统的统一召开审计进点会模式，采取"延伸+进点"方式，将项目延伸和进点会结合，分批不定点召开进点会，会议地点消毒、会议人员缩减、会议流程缩短，严格支持和配合被审计单位的疫情防控要求。

创新审计方法。在大数据审计基础上，突破创新了"电子围栏技术"在污泥运输监管方面的使用，全面、迅速、精确锁定车辆处置点外倾倒的疑点。

创新审计思路。审计人员从管理信息系统中获取基础数据，对水资源利用、水功能区管理和水污染防治情况进行分析，从繁杂数据中锁定疑点，将验证可行的审计思路、分析模型与自然资源资产任中审计小组、水环境政策落实审计小组、专项资金审计小组共享共用，拓宽审计分析思路，提升工作质效，推动经验方法共用，实现信息成果共享。

13.3　河北省大气污染防治绩效审计①

13.3.1　项目基本情况

近年来，为改善空气质量，逐步消除重污染天气，保障人民群众身体健康，推进生态文明建设，国家加大环境治理力度，河北省将大气污染防治作为重要政治任务，从 2013 年开始，每年安排大气污染防治专项资金用于大气污染治理，促进大气环境质量改善。大气污染防治专项资金主要用于燃煤污染控制、工业污染治理、扬尘污染治理、机动车污染治理、能力建设和其他等方面。为评价政策执行和资金使用的绩效，审计署京津冀特派办于 2019 年启动了河北省大气污染防治绩效审计。

本次审计的审计目标是：通过评价大气污染防治项目的实现程度和资金的使用效益，推动建立以绩效评价结果为导向的财政资金分配与管理制度，提升财政资金科学化精细化管理水平，为推动河北省大气污染防治工作和切实改善河北省大气状况以及今后大气污染防治资金的预算安排提供重要决策依据。

本次审计的审计依据包括：《中华人民共和国预算法》《河北省预算绩效管理办法（试行）》《河北省财政支出绩效评价管理办法》《关于印发〈财政支出绩效评价管理暂行办法〉的通知》《关于印发〈预算绩效评价共性指标体系框架〉的通知》《河北省财政厅关于开展 2018 年大气污染防治专项资金绩效评价的通知》《河北省财政厅关于印发 2019 年省级财政重点绩效评价工作计划的通知》。

---

① 根据审计署审计结果公告及相关资料整理。

13.3.2　审计发现

近年来，河北省认真贯彻落实习近平总书记关于生态文明建设和大气污染防治重要指示要求，将大气污染综合治理作为重要的政治任务，作为京津冀协同发展率先突破的重要领域，作为保障民生改善、生态环境的重要内容。

2018 年河北省蓝天保卫战取得明显成效，全省 PM2.5 平均浓度显著下降，超额完成原定目标，同时提前一年完成 2019 年预计目标。全省平均优良天数为 208 天，比 2013 年增加 79 天，空气质量为 6 年来最好。

总体来看，2018 年度大气污染防治专项资金使用较好，对于河北省空气质量的改善起到了较为积极的作用，空气质量的改善提升了人民群众的获得感和幸福感。

同时，审计发现存在部分项目资金支出进度较慢、部分项目资金管理有待规范、部分项目管理有待完善等问题。

13.3.3　经验启示

（1）认真做好审前准备。工欲善其事，必先利其器，详细的审计计划与审计准备是一个审计项目顺利开展必不可少的程序。此次河北省大气污染防治专项资金绩效审计的顺利开展，离不开充分的审前准备工作。审计组通过调查走访、分析研判，厘清了审计思路，根据顶层设计，全面进行统筹规划，确定了审计重点，编制了详细、具体、可操作的审计方案，起到了事半功倍的效果。

（2）注重多种审计方法结合。在对大气污染专项资金进行审计时，审计组并未局限于传统财务数据等账面资料，而是发挥主观能动性，通过同级财政审计与自查相结合，账面审计与延伸调查相结合，财务审计与业务资料审查相结合，内部审查与外部调查相结合等审计方法的运用，拓展了审计资料的广度，获取了更多有用信息，增加了审计证据的种类，提升了审计证据充分性与证明力。

具体审计方法包括：①审查法，通过审查被审计单位的项目资料，分析资金支出合理性、合规性。②现场查勘法，通过对项目的现场查勘，对比财政支出所产生的实际效果，分析目标的完成情况，从而评价财政支出绩效。③公众评判法，通过专家评议、抽查和公众参与调查问卷对财政支出的效果进行评判，评价公众对项目实施绩效的知晓度和满意度。④对比分析法，对比财政支出项目所产生的实际效果与项目申报材料提出的目标，分析目标的完成情况，从而评价财政支出绩效。

（3）因地制宜构建审计评价指标体系。审计组按照相关性、重要性、系统性和经济性原则，构建了大气污染防治专项资金绩效评价指标体系，如表 13 - 1 所示，并在审计开始前对相关人员进行了业务培训。在审计过程中，审计组选取了涵盖项目类型多、资金量大的 8 个设区市及所属 2 个县（市、区）开展了重点评价工作，取得了较好的效果。

表 13 - 1　　　　大气污染防治专项资金绩效评价指标体系

指标	分值	评价内容
工作活动设置	14	资金分配相关性、绩效目标科学性
工作活动管理	30	财务管理规范性、工作活动实施保障
工作活动产出	30	项目实施和完成情况
工作活动效果	26	环境效益、大气环境质量改善情况

13.4　浙江省工业固体废物处置监管情况审计[①]

13.4.1　项目基本情况

为贯彻落实党中央和省委、省政府重大决策部署，进一步强化政策跟

---

① 根据浙江省审计厅审计结果公告及相关资料整理。

踪审计，推进资源环境审计全覆盖，浙江省审计厅于 2019 年 3 ~ 6 月，组织开展全省工业固体废物和危险废物处置监管情况专项审计调查，共对 13 个县和 1 个经济技术开发区进行了调查。内容包括相关政策的贯彻落实情况、工业固（危）废的全过程管控情况，以揭示处置监管过程中的重大问题和风险隐患情况等。

其中，省厅于 2019 年 3 月 4 日至 4 月 26 日，对诸暨市工业固体废物和危险废物处置监管情况进行了专项审计调查。审计调查结果公告显示，2016 ~ 2018 年诸暨市一般污泥产生量为 22.65 万吨，综合利用量为 22.01 万吨；其他一般工业固体废物产生量为 37.58 万吨，综合利用量为 27.94 万吨；危险废物产生量为 13.39 万吨，综合利用量为 4.32 万吨，处置量为 8.92 万吨，贮存量为 0.84 万吨。

审计调查结果表明，诸暨市人民政府按照省委、省政府关于固体废物污染防治要求，按期完成危险废物集中处置项目，建立了信息监管、网格化监管、失信惩戒机制的固体废物防治体系，在绍兴市所属区县中率先开展环境污染责任保险试点工作，区域危险废物处置能力和区域工业固体废物污染防治水平得到进一步提升。审计调查同时发现，诸暨市在贯彻落实上级重大方针政策、工业固体废物全过程管控、督促企业落实主体责任、税收征收减免管理等方面还存在问题，需要进一步加以改进。

13.4.2　审计重点

围绕《中华人民共和国固体废物污染环境防治法》《浙江省固体废物污染环境防治条例》《浙江省人民政府办公厅关于印发浙江省危险废物处置监管三年行动计划（2016 ~ 2018 年）的通知》《浙江省清废行动实施方案》等文件，审计组共梳理了国家政策法规标准和浙江省相关规定共约 150 篇，将其作为审计依据，并确定了五个方面的审计重点：

一是重点关注省内一般工业固废和危废总体情况，即关注近三年全省工业固废产生、贮存、利用、处置情况。

二是重点关注企业主体责任落实情况，包括工业固废规范化管理和经营企业运营情况等。

三是重点关注政府及主管部门履职情况，包括遵守法律法规情况和一般工业固废和工业危废全过程管控情况等。

四是重点关注环保税收及财政资金使用情况，具体来说包括环保税是否应报尽报、应收尽收，相关部门是否建立涉税信息共享平台和工作配合机制，达标企业是否均能按规定享受税收减免，以及财政补助资金使用情况等。

五是重点关注相关检查投诉举报问题整改落实情况。

13.4.3 经验启示

（1）合理选择抽样方法。因为审计资源的有限性，审计对象涉及的企业数量非常大，所以审计组决定开展审计抽样，通过将全国第二次污染源普查数据与企业申报登记材料、环境影响评价材料等进行大数据比对分析，结合审计人员和专家的经验，确定出工业固体废物经营企业、产废量大的工业企业、环境影响评价内容与实际情况不一致的三类企业为抽查对象。审计结果表明，这三类企业确实存在一定问题，抽查对象的划定较为准确。

（2）科学设计核查表格。针对时间紧、任务重的问题，审计组除了采取分组行动外，还将核查内容梳理制表，提高审计效率。审计组共梳理了两套表格：一套为业务文件资料表，包括业务文件检查项目、主要内容、达标要求、检查方法等；另一套为现场核查表，根据国家对一般工业固体废物和危险废物污染控制标准的不同要求作了分类梳理。综合两套表格，审计组对所搜集的各项数据和资料进行整理、分析和评价，针对发现的不符事项，形成审计结论。

（3）强调跟踪审计整改。审计整改是环境审计推动绿色发展的关键环节，是发挥审计监督在环境治理中建设性功能的体现。一方面，审计组通过设立审计整改销号台账,坚持"边审计、边整改、边规范"的原则,压实整改责任,做到整改一个,销号一个,确保审计问题整改到位。另一方面,审计组将审计发现的问题以及整改情况通过政务网、互联网等方式进行公告,从而督促有关部门高度重视,确保问题整改到位。

13.5 案例总结

国内外的典型案例分析表明,无论是国内的环境审计还是国外的环境审计,良好实践都属于综合绩效审计的范畴,即在真实性、合规性审计的基础上,关注政策执行、项目运行和资金使用的效益性。与国外的环境审计注重以政策评估(包括政策制定和政策执行)为切入点不同,我国的环境审计关注环境保护的整体责任链。这主要是由于中外国家审计的审计体制和审计职能上的差异导致的。国外的最高审计机关以立法型为主,在国会授权下,可以对环境政策制定、执行、修订等环节进行全过程审计,但由于最高审计机关与政府之间存在沟通成本,有可能影响审计整改效率。我国的环境审计已经形成了专项环境审计、污染防治政策跟踪审计和领导干部自然资源资产离任审计三大业务类型并立的格局(郭鹏飞,2021),审计监督范围涵盖了领导责任、部门履职、政策执行、项目运行和资金使用等各环节,在中央和各地审计委员会的组织协调下,形成了审计监督的合力,审计整改力度不断得到增强。

国内的三个环境审计典型案例,虽然在审计对象、审计内容和审计方法上各有侧重,但总体而言,都是研究型审计在具体审计项目中的良好实践(晏维龙和庄尚文,2022)。概括而言,三个审计项目的有益启示包括:

(1)在审计理念上,由碎片化的程序型审计向系统深入的研究型审计转变。将研究的思维、视角和方法贯穿审计全过程,并总结提炼升华,形成高质量和高层次的审计成果。

(2)在审计内容上,坚持试审先行,抓住重点精准发力。提前谋划、提前部署，广泛听取意见，深入细致地研究被审计对象，盯住主要矛盾，突出重点编制审计方案。

（3）在审计组织上，上下联动步调一致。坚持统分结合上下穿透，努力做实项目全省（全市）一盘棋。加强过程指导和质量控制，创新专题核查组织方式，开展"穿透"式审计。

（4）在方式方法上，充分发挥大数据审计的靶向和支撑作用。积极开展大数据环境下环境审计取证和评价方法创新研究。

（5）在结果运用上，一体推进揭示问题、规范管理、深化改革。加强对审计结果的分析提炼，揭示主要问题和风险隐患；压实整改责任，做好审计"后半篇"文章。

| 第 14 章 |

完善环境审计制度的政策建议

14.1 引　　言

中央审计委员会提出构建集中统一、全面覆盖、权威高效的审计监督体系，是"十四五"时期国家审计发展的总纲领。作为国家审计监督体系的有机组成部分和绿色发展的治理工具，环境审计的发展应以这一新要求为根本目标，处理好项目安排上如何实现统筹整合，组织方式上如何有效上下联动，审计方法上如何推进深度融合，审计结果运用上如何增强监督效能，人力资源上如何建设专业队伍等问题（郭鹏飞，2021）。

本章就如何获取环境审计所需的知识和技能，如何增强环境审计的影响，如何促进环境审计的科学发展等开展了调研访谈。根据典型案例、实地访谈以及相关章节的研究结果，为进一步加强环境审计的制度建设，从完善环境审计依据、制定环境审计准则、重视环境审计问责、建立多元化合作机制、构建一体化工作格局、注重利用专家工作、加快人才队伍建设七个方面提出了有关政策建议。

14.2 调研访谈

2011～2015年，我们先后对江苏、河南、黑龙江和甘肃等地方审计机关进行了实地调研和访谈。访谈问题的大纲包括六个方面（具体见访谈调查结果记录）。由于希望获得一些真实情况，在访谈形式上，选择座谈会现场问答形式进行访谈。对已访谈内容，只作记录，不予录音，以消除相关人员的疑虑心理。

（1）如何才能培养成功执行环境审计的能力、技能和知识？

被访谈者有以下代表性观点：

• 加强同行之间的学习和交流。无论是在国际还是国内，审计人员都有很多从其他同行的工作成果中学习的机会，审计人员能够从与经验丰富的审计人员的合作中获得宝贵的知识。在审计机关内部也可以定期交流经验、工作方法以及进行水平对比。

• 开发和维护专家网络。对于专业性、技术性问题及时引进和咨询专家，这不仅对于首次开展环境审计工作具有重要的意义，而且还应当是一个持续的过程。通过建立针对特定环境主题的专家网络来补充审计人员的环保知识，可以帮助审计人员扩展他们的工作。

• 发展环境审计的战略规划。不同时期审计机关对不同环境问题的关注度是不同的，应从可持续发展的高度制订环境审计的战略计划。战略计划是今后审计工作的指导方针，各个业务单元应据此确定所需的时间、人员和其他资源。

• 做好环境审计数据规划。环境法规、排放数据及统计资料对于审计人员来说是一些重要的资源，它们可以用来描述特定时间环境状况的信息，能够为审计人员提供有价值的指导，帮助其判断值得审计的问题。

• 积极参加环境审计的业务培训。印制和发放适合自己的环境审计指导（指南）材料，联系有环境审计经验的理论和实务工作者开展专题讲座，对于拓展审计人员的知识结构是十分有益的。

（2）审计人员首次开展环境审计时需要注意什么？

被访谈者有以下代表性观点：

● 使用现有的授权。目前在《中华人民共和国审计法》中没有对于环境审计的专门规定，但财务审计、合规性审计和绩效审计都可能被应用到环境审计实务中，这些工作由审计机关在特定职责范围内完成。

● 从已有的审计指南和案例中获取信息。主要业务资源包括 WGEA 编制的《从环境视角执行审计活动的指南》、审计署环境审计协调领导小组办公室编制的《环境审计案例》《水环境审计指南》等，以及一些经验交流材料。

● 缩小审计范围。对于第一次环境审计，最好在一个较窄的业务范围内进行。这样做能够让审计人员积累能力、辨别相似性，将来再负责更复杂的审计项目。审计人员在首次环境审计中要尽早明确审计目标，找到当前工作的逻辑延伸区域。

● 成立环境审计小组。在大多数情况下，环境审计小组能弥补个人知识结构的不足。环境审计小组可以视情况由审计、会计、环保、法律领域的专业人员组成。

● 咨询专家意见。审计一个新领域的问题时，咨询环境专家可以获得很大的帮助。

● 以审代训。通过事先参加上级或同级审计机关组织的环境审计试点，可积累相关的环境审计经验。

（3）如何开展环境审计的合作？

被访谈者有以下代表性观点：

● 可以选择以下三种不同的环境审计合作形式：联合审计——由来自两个或多个审计机关的审计人员组成的审计团队完成，给出一份统一发布的审计报告；并行审计——也称为平行审计，在上级审计机关的协调下，由两个或多个审计机关同时进行，各自使用独立的审计组，并只向当地政府报告；协作审计——多个审计机关共同参与，除一份共同的审计报告外，还可以出具各自单独的审计报告。

- 跨界环境问题的审计是环境审计合作的重要领域。环境保护区、河流、湖泊，以及空气污染问题是跨界环境问题的典型例子，为加强跨界环境问题的管理，需要两个以上审计机关的审计合作。

- 有些环保资金，特别是绿色发展资金是由国家财政统一下发到各省，或者由省财政统一下发各地、市，是多方共享的。为全面评估专项资金的使用绩效，需通过专项审计调查的方式进行联合审计或并行审计。

- 审计机关内部的环境审计合作也很重要。由于环境问题无所不在，而环境审计人员的数量却十分有限。因此，要鼓励在各类专业审计中考虑环境事项的影响，例如，在高速公路建设项目审计中，应评估工程建设对周边生态环境的影响。

- 有些环境审计合作主要是分享审计人员之间的审计方法和技能，帮助从彼此经验中互相学习。

- 环境审计合作不仅局限于审计机关之间，还包括审计机关与环境主管部门的合作。

（4）环境审计中如何利用外部专家？

被访谈者有以下代表性观点：

- 利用专家识别特定问题或审计主题。外部专家可以对现有的或潜在的问题提出建议或确定审计组的主要工作；利用专家可以找出需要上报给政府或有关部门的问题；专家还可以识别新出现的环境问题和可持续发展问题，供审计人员参考。

- 利用专家识别重要的环境风险。专家可以提供审计目标方面的指导，找出具体项目中风险较高或管理较弱的领域，帮助审计人员将审计风险控制在一个可控范围内。

- 利用专家解决专业问题。专家意见可被收集用于解决特定的、复杂的技术难题，例如水质评估、废弃物危险性或者设备脱硫效率等。专家提出的意见可以包含在审计报告的附件中。

- 审计报告阶段仍可咨询专家。专家可以为量化环境影响提供技术细节上的意见。

（5）如何增强环境审计的影响力？

被访谈者有以下代表性观点：

● 确定合适的审计主题。审计主题是增强环境审计影响的第一步，要考虑的因素包括：是否能揭示有价值的问题；是否是上级交办的事项；是否引起领导和社会的关注；是否属于重大项目；是否有较大的改进空间；是否别人已经关注过；是否具有时效性；是否具有（审计）可操作性。

● 清晰编撰审计报告。环境审计工作会产生许多有意义的结果和建议，但只有传达的信息简单易懂、令人信服，这些结果和建议才会有用。要采取多种措施确保审计结果简单易懂，这包括：起草报告前后，审计小组内部要充分的沟通；每份报告要总结所有主要的调查结果、要点和建议，以及使用图表来提高报告信息的可读性。

● 明确表达审计意见。许多环境问题与健康有着密切联系，在审计过程中，清楚地说明这些联系可以增强影响力。如果存在与人民群众健康相关的风险，例如，与哮喘有关的空气质量、与腹泻和皮疹相关的水质，需要明确、客观地提出。

● 跟踪发现的问题是否得到解决。与其他任何形式的审计一样，在环境审计中应建立一个合适的追踪系统，以跟踪审计意见和审计建议，并记录所产生的影响。这种做法不仅能让被审计单位意识到审计机关正在关注它们的工作，还可以让审计组了解到是否需要开展额外的审计工作。

● 媒体的宣传报道，可以让公众和上级领导重视环境审计的工作。

（6）如何促进环境审计的科学发展？

被访谈者有以下代表性观点：

● 领导重视。环境问题可能涉及多方责任，如果审计机关没有审计这些不同主体的授权，可能导致难以确定问题的成因及其影响，也无法提出具体的改进建议。如果主管领导对环境问题或不可持续的发展模式造成的问题表示关注，那么这对审计机关开展环境审计工作会有很大帮助。

● 法律保障。环境审计的依据是国家颁布的法律、法规和规章，环境审计有效开展的一个重要外部条件是在国家层面构建科学、合理的环境法律、法规、规制体系。另外，环境审计本身的规范性文件也比较欠缺，需要制定环境审计指南体系，为审计人员开展环境审计工作提供指导和帮助。

● 问责保障。推动环境审计问责，有助于从根源上解决环境问题。一些地方政府以经济建设为主要任务，对涉及的环境保护和绿色发展问题采取回避态度。审计中发现的一些企业超标排放、落后产能未按期淘汰等问题很难得到实质性推进。应完善领导干部绿色发展政绩考核和问责制度，对政府提出的节能减排、生态文明和可持续发展目标，制定具体的考核和问责措施，为考核政府绿色发展责任提供审计依据。

● 组织保障。绿色发展已不再是一个地区、一个部门的问题，否则只能落入"上游治理、下游排放"的怪圈。应借鉴最高审计机关成立环境审计工作组的经验，加强内部、外部协作机制。一方面，协调审计机关内部财政、金融、企业、外资、投资、经济责任等处室在开展专业审计时关注对绿色发展问题的同步审计；另一方面，与环保、水利、农林等部门建立长期协作机制，建立联席会议、信息通报制度，及时掌握、沟通、交流信息，促进绿色发展监管工作的深入开展。

● 人才保障。环境审计工作除需具备常规审计所需知识外，还要求审计人员具备包括环境学、社会学、工程学等方面的知识。应该进一步提升环境审计人员的综合素质，以适应环境审计发展的需要。包括：加强对现有审计人员的业务培训；重视吸纳环境学、工程学等相关专业的人才，建立起一支结构优化的环境审计队伍；聘请环保领域的专家作为顾问或参与审计，以及对审计实施方案进行专家论证等。

● 技术保障。大数据技术、3S 技术以及区块链技术在环境审计中拥有广阔的应用前景，应加大相关应用技术的开发以及储备。此外，环境绩效审计是环境审计的发展趋势。但在很多情况下，因没有成熟的经验、普遍接受的技术方法可供借鉴，导致难以对环境成本和效益进行科学合理的评价，需要从可持续发展的高度出发，开发适合绿色发展特点的绩效审计方法和评价指标体系。

14.3　对策建议

结合本书各章节的研究结论，我们有针对性地提出如下完善环境审计制度的对策建议。

14.3.1　完善环境审计依据

从外部环境上看，环境保护、节能减排、清洁生产领域的法律法规既是绿色发展复杂适应系统的外部刺激因素，同时作为审计依据又是审计人员开展环境审计的前提条件。审计人员在开展环境审计时是否能够找到合适的法律法规作为依据，以及所依据的法律法规的内容是否具体、相关、明确，将直接影响环境审计的审计质量。

14.3.1.1　我国环境保护法律法规存在的不足

目前我国已初步形成较完备的环境法体系，特别是《中华人民共和国环境保护法》于 2014 年和 2018 年先后两次修订后发布，夯实了立法基础。新环境保护法修订重点可以总结为加强信息公开、强化政府监管、健全问责机制、加大处罚力度，这些规定适合我国的国情和客观实际。但现有环境保护法律体系仍存在两个方面的不足，主要表现在：

第一方面是环境保护法律法规的层次性、配套性不够。在层次性方面，一些重要的环境保护制度仍停留在规章层面，如我国实施《京都议定书》清洁发展机制的规范性文件《清洁发展机制项目运行管理办法》仅为部门规章。在配套性方面，一些环境保护法律无相应的配套法规，如《中华人民共和国可再生能源法》《中华人民共和国清洁生产促进法》等尚缺乏与之配套的行政法规和实施细则。

第二方面是环境保护法律法规重原则性立法、轻操作性制度建设。环境保护法律法规的原则性规定较多，操作性不强。诸如有些规定："企业应当采用原材料利用效率高、污染排放量少的清洁生产工艺，并加强管理，减少污染物的产生。"这里"利用效率高""污染排放量少""减少污染物"等用语过于抽象，缺乏实际操作的标准，实际上并无助于解决复杂的环境问题。

14.3.1.2 建立健全我国环境保护法律体系的思路

环境保护法律体系的框架应以《中华人民共和国宪法》为依据，以节约能源法律、节约物质资源法律、清洁能源法律和污染防治法律四个子体系为组成部分，各个子体系又应以一个基本法律为统领、以专项法律为主干、以相关法律为辅助、以行政法规和行政规章相配套，形成结构严谨、内容和谐、形式统一的法律体系（张绍鸿等，2010）。

一是在四个子法律体系方面，应完善基本法律，填补专门法空白，提升现有法规层级，制定配套法规。

节约能源法律体系方面。首先应以 2018 年新修订的《中华人民共和国节约能源法》为统领，并将"节能优先"这一理念贯穿于《中华人民共和国煤炭法》《中华人民共和国电力法》等能源单行法中。《民用建筑节能条例》《公共机构节能条例》等国务院行政法规，条件成熟时可考虑提升为专项法律，在此基础上制定相应的实施细则。

节约物质资源法律体系方面。目前《中华人民共和国循环经济促进法》辖下尚无专项法律，国务院行政法规中已有《废弃电器电子产品回收处理管理条例》，还应补充制定《节约用水管理条例》《节约工业材料管理条例》等行政法规；同时，应进一步完善自然资源单行法，如《中华人民共和国森林法》《中华人民共和国矿产资源法》《中华人民共和国水法》等法律中关于节约资源的规定。

清洁能源法律体系方面。清洁能源目前尚无基本法律，仅有 1 部专项法律《中华人民共和国可再生能源法》，可借鉴美国《清洁能源安全法案》的立法经验，制定我国清洁能源基本法。

污染防治法律体系方面。污染防治基本法律《中华人民共和国环境保护法》已经修订完善，其辖下有 6 部污染防治专项法律（涵盖了海洋环境、水污染、大气污染、固体废物污染、环境噪声污染、放射性污染的防治）、2 部综合性的污染防治法律（清洁生产、环境影响评价），但相应的行政法规多局限于某一污染防治领域的某一环节。一方面要修订完善现有的基本法律和专项法律，适当充实保护和改善生态环境的原则要求，与污染防治各单项法不一致的规定需要尽快统一，实践中一些行之有效的行政责任和问责制度需要补充到相应法律中；另一方面要加强制定与环境污染专项法律相配套的行政法规等。

二是建立适应环境保护要求的部门规章，包括环境标准、产品标准、产业标准、生态标准。为完善监测体系、考核体系，鼓励将监管措施落实到具体的生产过程和具体的产品，实现以过程控制为核心的监管制度。

三是改变长期以来高度重视行政手段轻视市场手段的观念，引进市场机制，建立健全中央转移支付制度、矿产资源有偿使用制度、生态补偿制度、资源性产品市场定价制度、再生能源与节约能源经济激励制度、节能减排资金市场经营制度、环境容量使用权交易制度等，通过建立新的资源配置机制，使价值规律能够在环境保护方面发挥作用。

四是健全和完善政府、企业的环境信息披露制度，以及环境保护的公众参与制度。

五是在环境保护法律法规修订过程中，根据需要，增加环境审计职责和权限等有关条款。

14.3.2　制定环境审计准则

为进一步推动环境审计事业的发展，规范和指导不同审计主体，包括审计机关、内部审计机构以及会计师事务所的环境审计工作，我们应积极制定环境审计准则以及配套的应用指南和审计指南，促进环境审计的规范化和标准化。

14.3.2.1 制定环境审计准则的必要性

国内对环境审计准则的研究是近几年在环境审计实践基础上展开的，主要有两种观点：一种观点认为环境审计与传统审计区别不大，环境审计工作可以借鉴传统审计准则（或指南）；另一种观点认为环境审计具有一定的特殊性，应该有自己的准则（或指南）作依据。我们倾向于后一种观点，原因有三个方面：

一是环境审计的内容涵盖广。环境审计不但包括与环境保护有关的项目，还包括非环境项目的生态影响。既可以是对环境信息披露的审计，也可以是对环境政策、环境资金以及建设项目的审计。环境审计依据的法律法规要比传统审计复杂得多，环境审计准则（或指南）的内容并非现有审计准则体系所能涵盖的。

二是环境审计的技术难度大。传统审计的审计对象限于会计信息，所制定的审计准则（或指南）也主要是针对审核会计信息而言的。而环境审计涉及的事项很多未选择货币价值指标，而是采用技术经济指标，如一些物理和化学指标，不完全以会计资料来反映。这就要求环境审计准则（或指南）在审计方式方法方面要有更强的针对性。

三是环境审计的人员素质要求高。环境审计人员不仅要具备财务、审计知识，还要具备一定的经济、环境、工程等方面的知识，这使得环境审计准则对审计人员的专业胜任能力、培训、利用专家工作等方面的要求比传统审计准则（或指南）更高、更严格。

14.3.2.2 制定环境审计准则的原则

我们认为，构建我国的环境审计准则应该坚持以下三项原则：

（1）发展性原则。随着环境问题的日益突出、环保投资的日益增加，以及环境信息披露需求的日益增多，环境审计业务必将扩大。但我国环境审计的实践是在环境会计尚未完善的基础上展开的，环境审计的对象、范围以及内容必将随着环境财政的建立、环境会计体系的不断完善而发生变化。所以，环境审计准则的制定既要考虑到对将来可能开展的审计活动进行规范；同时，由于环境问题的复杂性和多变性，对目前认识不清的问题，可以待日后再不断完善，为环境审计准则的修订完善留有余地。

（2）可操作性原则。从一定程度上讲，环境审计准则是联系环境审计实践和理论研究的桥梁，它既是环境审计理论研究的成果，又是环境审计实践的指导，因此环境审计准则一定要具有可操作性。在借鉴国外理论研究成果时，必须结合我国的环境保护状况、不同审计主体的特征以及审计人员的胜任能力等因素，制定的环境审计准则不能脱离我国的客观实际和可持续发展对环境审计的实践要求。

（3）协调性原则。环境审计准则是在传统的审计准则基础上构建的，环境审计人员首先应该遵守一般审计准则的要求，因此环境审计准则不应与目前的法律法规和通用审计准则相冲突。同时环境问题本身就是一个全球性的问题，这要求环境审计准则制定要有国际化意识，注重吸收国际上的先进经验，考虑环境审计的国际交流与合作，不断提高环境审计的整体水平。

14.3.2.3 我国环境审计准则的构建设想

首先，以国家审计为切入点，制定适用于审计机关的系列环境审计指南。一方面，这是国家审计的权威性决定的，环境问题是典型的公共品问题，国家审计有责任介入环境公共品的审计监督。另一方面，目前我国的环境审计实践主要是集中于国家审计，因此环境审计准则或配套指南的制定更具有紧迫性。

2011年以前，我国国家审计的审计准则体系由一个审计基本准则、若干单项通用审计准则和专业审计准则、若干审计指南三层次组成。2011年开始，我国国家审计的准则体系发生了变化。审计署于2011年1月1日开始实施新的《中华人民共和国国家审计准则》，包括《中华人民共和国国家审计基本准则》《审计机关建设项目审计准则》《审计机关对社会保障基金审计实施办法》等原准则体系相应全部废止。此次国家审计准则修订参照了美国等国家最高审计机关的做法，制定单一的国家审计准则，并将在审计准则之下开发若干审计指南或者审计手册，这种体系结构可以克服制定多个单项审计准则容易出现的体系庞杂、准则间内在关系不清晰、内容重复交叉等缺陷。

审计署先后制定了《水环境审计指南》《土地审计指南》《节能减排审计指南》等，应结合审计机关近年来的重点审计领域，扩大环境审计指南的覆盖范围，进一步明确各环境审计领域的审计重点、评价标准和审计程序（陈希晖等，2012）。

其次，不断完善注册会计师环境审计准则。环境报告或综合报告的审计鉴证是对我国目前开展的环境信息披露制度的有益补充，审计鉴证有助于提高环境信息披露的可靠性，避免上市公司的"漂绿"行为。在我国2006年颁布的48项注册会计师审计准则中，《中国注册会计师审计准则第1631号——财务报表审计中对环境事项的考虑》要求注册会计师在进行财务报表审计时考虑可能引起财务报表重大错报的环境事项。该准则不仅对环境事项和影响财务报表的环境事项进行了界定，而且从实施风险评估程序时对环境事项的考虑、针对评估的重大错报风险实施审计程序时对环境事项的考虑和出具审计报告时对环境事项的考虑三个层面，对注册会计师在环境事项方面应予以的关注进行了规范。

《财务报表审计中对环境事项的考虑》对注册会计师开展环境事项的审计有很好的借鉴价值。但从注册会计师参与我国环境审计实践的客观需要而言，尚存在一些不足：一是该准则仅关注了财务报表中的环境事项，未对企业独立披露的环境报告/社会责任报告的审计程序和要求进行规范；二是该准则并非一个独立的鉴证准则，不能为注册会计师发表企业环境信息披露是否真实、公允的审计意见提供依据；三是该准则缺少配套的应用指南，而应用指南是对环境审计执业准则重要条款的进一步解释、说明和举例，旨在为注册会计师更好地理解和运用环境审计准则提供指引。我们认为，注册会计师环境审计准则的制定应该针对环境审计的特殊性，在对现有准则进行补充完善的基础上，最终以其他鉴证准则的形式予以颁布，并尽早制定针对性的应用指南。

最后，在适当时机，制定内部审计的环境审计具体准则和实务指南。我国内部审计准则体系包括基本准则、具体准则和实务指南。目前，在《内部审计具体准则》中，12 号、25 号、26 号、27 号分别涉及遵循性审计、经济性审计、效率性审计和效果性审计。在时机成熟时，可以考虑增加《内部审计具体准则——环境性审计》，与前述具体准则共同构成完整的审计业务操作规范。

14.3.2.4　加强应用理论研究

众所周知，理论来源于实践。近年来，环境审计实践领域在不断开拓中前进，而环境审计应用理论的研究已经明显滞后于环境审计实践的发展。正如莫茨（Mautz）和夏拉夫（Sharaf）在《审计哲学》一书中所言："如果没有系统理论的支撑，很难想象审计还能够进入科学的殿堂和被认为是一门有学问的职业。"因此，加强环境审计应用理论研究，为环境审计工作的科学发展提供理论支撑，具有重要的理论和现实意义，也是审计科研工作者当前面临的重要任务。

首先，加强应用理论研究必须领导重视。要提倡环境审计人员带着问题进行审计应用理论研究和探索，将优秀环境审计项目的经验转换为审计应用理论研究成果，用审计应用理论研究成果解决环境审计实务中的具体问题，不断提升环境审计理论研究层次和应用水平，从而形成审计研究与审计实践的良性互动。

其次，必须调动高校理论工作者和审计实务人员两方面的积极性。针对环境审计中面临的困难和障碍，可以通过科研项目招标的方式，由高校和 2~3 个具有典型经验的审计机关，共同组成课题组进行攻关。在课题研究过程中，鼓励采取跟踪研究方法，高校理论研究人员参与审计机关的环境审计项目实践全过程，通过调查分析和比较研究，把握问题的本质和解决问题的思路，总结经验并上升到理论层次。在审计项目实施过程中，理论研究人员与实务工作者不断沟通，根据反馈情况同步对技术方法进行修正，在整理实践成果的基础上，形成课题研究报告。

最后，要形成应用理论到审计实践的推广机制。要及时将审计应用理论研究成果以及良好实践纳入审计指南或具体案例中，下发到各级审计机关；审计机关可以通过研究简报、专业培训等形式定期介绍环境审计中的应用理论研究成果；典型的环境审计经验可以形成"专家经验"固化在AO等审计软件中，使审计人员可以随时查阅和借鉴；各级审计机关要定期举办环境审计理论与实务研讨会，总结和介绍各地在环境审计中的好经验和好做法。

14.3.3　重视环境审计问责

近年来，各级审计机关先后开展了一系列环境审计项目，并提出一些有价值、针对性的审计整改意见，但审计结果的运用往往成为悬而未决的"老大难"问题。在审计监督中，只审查而不对查出的问题进行处理，这种审查不会有实际意义，因此，当受托人未恰当履行受托责任时，就应该启动问责程序（冯均科，2009）。

14.3.3.1　环境审计问责需实现"问责到人"

作为绿色发展的治理工具，环境审计发挥作用的途径表现在审计评价、信息披露与问责机制的有机结合，因此审计问责十分重要。

目前的环境审计问责依然带有浓厚的行政色彩。被审计单位和责任人所预料的最坏结果无非是行政处罚，包括：责令限期缴纳应当上缴的收入，责令限期退还违法所得，责令限期退还被侵占的国有资产，责令按照国家统一的会计制度的有关规定进行处理等。被审计单位和相关责任人违反环境保护法律法规的收益与成本严重不对等，惩戒力度远远不够。甚至，有些环境问题本身就是地方保护主义的结果，导致审计发现问题的处理更多地掺杂地方政府的"意志"。

环境审计要落实到人，必须实行法律问责。法律问责的理念是以人为本，以责任追究为核心，强调任何责任都需要由人来承担。法律追究坚持谁违法、谁担责的原则，具有直接的目标性，给当事人带来的惩罚力度要高于行政问责。加大法律事后惩戒在审计中的介入力度，能够起到足够的事前威慑作用。

目前我国对环保部门及企业应承担的环境保护责任有明确规定，但对政府及其领导人的环境保护责任缺乏具体的、可操作性规定。因此，应完善领导干部环境保护政绩考核和问责制度，一旦出现重大、严重的环境问题，主要领导、主管领导必须承担相应的领导责任和管理责任。同时，对于政府提出的节能减排、生态修复和可持续发展目标，应制定具体的、可操作性的考评指标和问责措施，为考核政府环境保护责任提供审计依据。

14.3.3.2　加强跟踪审计，落实审计整改

目前审计机关的工作受到社会各界的高度重视，公众在期待审计结果公告的同时，对审计机关的审计质量也越来越关注。审计机关是国家行政机关，法律赋予了审计机关必要的行政权力，可以对违反法律法规的行为采取一些强制措施，甚至可进行移送处理，其性质是一种纠正措施（赵劲松，2005），目的是及时纠正违规违纪行为，维护社会经济秩序和国家经济安全。因此，衡量审计机关的审计质量不仅应关注其是否"发现"和"报告"了违法违纪问题，还应关注其是否履行了"矫正"职责。

在环境审计中，审计机关出具环境审计报告之后，审计机关的任务实际上并没有停止，还要加强对审计意见中的整改情况进行跟踪审计，继续向社会发布跟踪审计报告。这样做有助于引起权力部门、主管部门、责任部门对整改情况的关注，也能接受社会和舆论的监督，有利于新闻媒体和社会公众进行异体问责，使被审计单位有压力和动力实施整改行动。

目前，审计机关发布的审计整改公告，普遍比较"温和"。针对审计整改的落实，应先要求被审计单位自改，定期向审计机关反馈整改情况。为了规范整改过程，审计部门可以在跟踪审计中针对问题整改情况出具审计报告，主要内容包括：审计查出问题的整改情况、责任人的责任和处理

情况、尚未整改和处理的原因和责任、准备采取的主要整改措施及整改期限等。在整改过程中，如果调查核实构成违纪的行为移交纪检监察机关，违法的行为则移交司法机关处理。对于特别复杂的情况，可以成立专门审计小组进行查证。

14.3.3.3 审计问责与其他问责渠道相结合

审计问责是一种行政问责，仍具有一定的局限性。在环境审计中，为了更好地落实问责制，督促被审计单位环境责任的履行，需要将审计问责与其他问责渠道有效配合。

首先应发挥各级人大在问责中的重要作用，在环境审计中，审计机关应争取建立与各级人大资源环境委员会的对口关系，形成定期沟通制度，各级人大可以在环境责任落实方面给予审计机关有力的支持。审计机关也应积极发挥中央和地方各级审计委员会的作用，加强与司法和纪检等部门的联系，协调它们全力跟进审计报告，关注审计机关的工作，使得审计结果公布后针对违规违纪问题能及时采取措施，将问题和责任的承担落到实处。此外，还要积极利用各种媒体和互联网资源，将审计结果公告准确、客观地向社会公布，起到联络群众、推广问责理念的作用，通过社会舆论的力量来加快问责的进度。

在落实问责制的过程中，特别要注意建立畅通的信息沟通渠道（马轶群和陈希晖，2012）。通过审计程序透明、与被审计单位定期沟通和审计结果的及时发布，不仅让审计对象感知到环境审计的程序公正，而且可以使社会公众感受到自身所拥有环境知情权，促进环境责任履行的公众参与。

14.3.4 建立多元化合作机制

由于环境资源具有整体性、区域性及联动性等特征，环境问题仅靠一个部门、一个地区的力量是难以解决的，因此，在环境审计中需要通过主体间、部门间、区域间的交流与协作才能有效促进复杂、跨界的环境问题得以解决，这也是国际环境审计的发展趋势。环境审计中的多元化合作机制，包括政府审计、内部审计、注册会计师审计的合作，与上级或同级审计机关的合作，以及与环保机关等主管部门的合作。

14.3.4.1　政府审计、内部审计、注册会计师审计在环境审计中的合作

审计机关是我国目前开展环境审计的主要甚至某种意义上的唯一主体。根据环境问题的特点以及我国国情，我们认为，不同主体在环境审计中的工作机制表现为：国家审计为主导；内部审计、注册会计师审计作为重要组成部分，促进注册会计师在环境审计中的业务开展；加强外部审计和内部审计的相互协作。

国家审计为主导。主要原因在于：第一，政府是"环境公共产品"的投资方和管理者，是环境受托责任的受托人，按照国际惯例，应由最高审计机关对其履职和管理绩效开展审计；第二，环境问题往往是跨部门、跨流域的，环境审计行业跨度大、时间跨度长、涉及范围广，需要组织、沟通、协调的事项多，国家审计的"权威性"，有助于其职责的更好发挥；第三，从环境审计的现状看，审计机关目前在环境审计领域拥有相对丰富的经验和专门的审计人员。

内部审计、注册会计师审计作为重要组成部分，促进注册会计师在环境审计中的业务开展。内部审计机构和会计师事务所要转变思路，增强对环境审计重要性的认识，提升其投身环境审计的热情。内部审计机构要积极发挥贴近被审计单位的优势，利用企业技术部门的协助，关注企业在生产、经营、营销领域的环境风险，加强绿色发展的内部控制，为企业价值增值服务。注册会计师在未来环境审计中的职责，一方面是环境信息披露的审计鉴证，另一方面可以接受审计机关的委托，承接一些审计业务，例如，在领导干部自然资源资产离任审计中，对自然资源资产负债表的编制发表鉴证意见。

外部审计与内部审计的相互协作。对于影响群众利益的环境事项，审计机关可依法对企业内部审计机构和会计师事务所的环境审计工作进行协调、指导和监督。

14.3.4.2 与上级或同级审计机关的合作

在环境审计中，可以由上级审计机关统一组织联合审计，或者由同级审计机关共同开展并行审计，以增强各方协作、沟通，更好地解决区域环境问题。

世界审计组织（INTOSAI）环境审计工作组（WGEA）一直积极鼓励各国最高审计机关开展联合审计或平行审计。例如，塞浦路斯、希腊、意大利、马耳他、荷兰、土耳其和英国的最高审计机关对船舶海洋污染进行了并行审计。这七个国家在审计过程中的审计依据都是基于《防止船舶污染海洋国际公约》，该公约约束所有参与审计的国家。各参与国共同确定了环境审计标准，由每个参与并行审计的国家各自确定需要审计的具体内容。发布的共同审计报告涵盖了关于七个国家船舶审查质量、港口船舶废弃物接收设施、应急计划的准备情况及检控违例者的调查结果。共同审计报告中还包括一个单独的章节，一个名为 Maretopia 的虚构国家，被用来演示七国审计中发现的良好实践的应用。

我国在跨界、跨区域的环境审计中应加强联合/并行审计模式。具体而言，在试点审计阶段采用联合审计方式，正式审计阶段采用并行审计方式，并建立协商机制，加强审计情况的协调、沟通与交流，共同研究和探讨解决问题的措施与办法。审计报告分别提交给当地人民政府，审计结果及整改措施互相通报，做到目标统一、重点突出、分工明确、成果共享。

14.3.4.3 与环保机关等主管部门的合作

为提高环境审计质量，不同审计主体应积极开展与环保、国土、水利、农业、林业等相关主管部门的合作，促进环境审计工作质量和效果的提高。

各级审计机关应在本级审计委员会的协调下，建立和完善与主管部门合作机制。通过与本级环保主管部门加强日常工作联系、协调配合和信息沟通，建立和完善专家组工作制度、工作联席会议制度、工作信息通报制度等，共同促进和推动本地区资源开发、环境保护工作。

14.3.5　构建一体化工作格局

环境审计中需要从可持续发展的高度出发，围绕环境审计工作重点，构建资源环境审计与其他专业审计相结合的整体工作格局。

14.3.5.1　积极倡导其他专业审计参与环境审计

各级审计机关在开展财政、投资、金融、企业、外资、经济责任等审计项目时，应当将资源环境内容纳入审计方案并组织实施（黄道国和邵云帆，2011）。

（1）财政审计要关注各级政府制定、执行资源环保政策，以及筹集、分配、管理和使用环保财政资金的情况，揭露其环保政策执行不到位和资金分配、使用与管理中存在的不合规、不真实等问题。

（2）行政事业审计应从节能减排等方面关注和重视环境问题，关注政府部门、行政事业单位环保专项资金的筹集、分配、管理和使用等预算执行情况；关注行政事业单位公用经费支出的环保效益情况。

（3）金融审计要关注银行贷款的投向及用途，关注"绿色信贷"政策执行情况，揭露其违背国家环保和产业政策，支持"两高"（高耗能、高排放）和产能过剩行业，造成资源浪费和环境污染等问题。

（4）固定资产投资审计要关注国家重点建设项目在规划布局、立项审批、设计施工、生产运营等环节是否严格执行国家环保产业政策，以及对绿色发展的影响及其防治措施的合法性、效益性，揭露建设项目违反国家投资产业政策、环境保护措施不到位、浪费资源、污染环境和破坏生态等问题。在重大工程建设项目审计中，应对工程影响区域内的生态环境进行评估，关注项目建设中的水土保持、生态保护和环境治理措施的执行情况。

（5）企业审计要关注企业执行国家环保政策法规情况和环境保护资金投入与使用效果，以及污染防治设施建设与运行效果，揭露其在生产经营过程中高耗能、高污染和破坏生态环境等问题。在企业审计中可根据需要对企业节能减排、减污降碳情况开展审计调查。

（6）农业审计应以农业财政资金、信贷资金审计为切入点，关注有关部门和单位环保政策法规的贯彻执行、农药化肥的使用、家畜禽渔业养殖、生活垃圾等固废的处理等内容，促进农民增强环保意识，强化农业、农村环境污染防治。

（7）外资运用审计要关注国外贷援款项目的环境影响，评价国外贷援款项目资源利用和环境保护绩效，关注外资运用项目执行我国环保政策和履行国际公约情况，关注外资投向资源环保项目的实施情况。

（8）经济责任审计要关注领导人履行生态环境保护职责以及完成绿色发展目标的情况，揭露其由于决策失误、履责不当和管理不力造成的资源环境问题。关注领导人任职期间贯彻执行国家有关环保政策法规情况，关注领导人任职期间履行环保管理职责情况，关注领导人任职期间环保政策的制定与贯彻落实情况。尝试对环境业绩差的党政领导干部在经济责任审计中实行"一票否决"，探索领导干部经济责任审计与自然资源资产离任审计的整合审计（黄溶冰等，2022）。

14.3.5.2 保障措施

（1）成立协调领导机构。为协调审计机关内部的环境审计工作，可以在各级审计机关中组建环境审计工作协调小组。在开展审计项目时，要充分发挥环境审计工作协调小组的领导作用，针对环境审计一体化工作格局的特点，整合审计资源，推进审计项目和审计组织方式的"两统筹"，积极倡导和组织专业审计部门深入开展环境审计工作。

（2）制订统一的审计计划。构建一体化环境审计格局，必须切实加强环境审计的计划管理，这就需要在充分调查研究的基础上，由环境审计工作协调小组统一组织，科学编制环境审计工作的中长期规划和年度计划，切实增强计划编制的协调性和稳定性，同时相应建立健全合理的环境审计计划考核制度。

（3）构建成果共享平台。在加强内部协作的同时要认真抓好审计成果的共享和运用，树立实现审计成果效能最大化的意识，对同类项目、同步项目和某一时间段项目的审计结果进行横向、纵向多角度的整合、分析和提炼，及时总结环境审计工作中的新探索、新经验、新成果，努力提高审计成果的转化率和使用率。

14.3.6　注重利用专家工作

随着社会和经济的发展，专业分工越来越细，人们往往只能对某一特定领域的知识和技能进行全面掌握和灵活运用，随之而来的是对协作的要求增强。在环境审计中利用专家的工作正是体现了协作的要求。

14.3.6.1　专家的构成

就环境审计而言，所谓专家是指在节能减排、清洁生产、环境保护、污染治理等某一特定领域中具有专门技能、知识和经验的个人或组织。专家通常可以是环境专家、生态专家、地质专家、IT专家以及法律专家等，也可以是这些个人所在的组织（如研究所或者设计院等）。在这两种情况下，责任的承担者有所不同。以个人身份出现的专家，该专家即为主要责任人；而以组织身份出现的专家，该组织为主要责任人，具体人员通常也要承担一定的责任。

在环境审计中，外部专家的来源包括：环保、水利、农业、国土等标准制定机构或行业主管部门，大学和科研院所，勘察设计机构，同类项目（如污水处理厂）的高级管理或技术人员等。

14.3.6.2　专家的选择

在确定是否利用专家的工作时，需要考虑以下因素：

（1）审计组成员对所涉及事项具有的知识和经验。如果审计组成员从未接触过所涉及的事项，通常需要考虑利用专家的工作。例如，林业生态建设资金的审计中，对于树苗成活率的测定。

（2）考虑所涉及事项的性质、复杂程度和审计风险。如果所涉及事项性质特殊、复杂程度高，对于审计目标的实现特别重要，审计人员通常需要从职业谨慎的角度出发，考虑利用专家的工作。例如，在二氧化硫排污费征缴情况的审计中，由于有些单位在线监测设备运行不规范（或人为动了手脚），需要邀请环保专家对燃煤电厂中设备的脱硫效率进行审查，进而分析所缴纳的排污费数额是否正确。

（3）预期获取的其他审计证据的情况。如果预期可以获取的其他审计证据的数量较多且质量较高，能够解决审计人员遇到的相关问题，审计人员就可以考虑不利用专家，否则就需要利用专家的工作。例如，污水处理厂生产能力测定中是否需要利用专家工作，取决于是否有详细的污水处理收费和原材料（如电力、化学试剂）消耗明细账。

在计划利用专家的工作时，审计人员应当评价专家的专业胜任能力。包括考虑：

（1）相关专家是否具有适当职业团体授予的专业资格或执业许可证，如注册环境工程师、执业律师等，或者是否是相关学术团体的学术带头人、省级以上学术团体的理事、省级以上人才工程的培养对象等，或者是否是博士生导师、是否拥有教授职称等。

（2）在所涉及环境问题的领域中专家的经验和声望。经验主要是指专家在其专业领域从事科学研究、技术开发或者咨询服务时间的长短、主要研究成果或者工作业绩；声望主要涉及专家在其专业领域的地位、身份、威望和口碑等。例如，在对专家所在单位进行选择时，要考虑该单位是否是国家标准的制定单位，是否是国家（或省级）重点学科，是否拥有国家（或省级）重点实验室，是否是国家（或省级）工程中心，博导和教授的数量，是否拥有必要的检测和实验设备，是否具有甲级资质（勘察设计单位），等等。

（3）评价专家的客观性。重点考察专家的独立性，包括专家是否曾经受聘于被审计单位，以及专家所在的单位是否与被审计单位存在经济业务往来等。

14.3.6.3　专家的工作范围

外部专家可以在环境审计的审计方案编制、审前调查、现场审计等阶段发挥作用。例如，在青藏铁路环境保护资金使用情况审计调查中，制定审计工作方案阶段，聘请了中科院植物所、国家环保总局、水利部的专家，咨询审计调查目标、内容和重点的意见。在实施现场审计前，邀请了高原植被、水土保持、冻土保护、风沙防护等方面的专家给审计组作了专题讲座。在现场审计调查阶段，灵活采用了几种专家工作方式：一是针对审计中发现的疑难问题，电话咨询和座谈；二是聘请专家亲自到场，根据现场调查结果出具专家意见书；三是审计人员取得有关审计证据，送至专家工作单位，专家根据检测数据和检测结论间的逻辑关系鉴定审计证据的真实性。

在利用专家工作的情况下，外部专家要对其选用的分析方法及工作结果负责，审计人员要利用自己的专业判断对专家工作结果的适当性进行评价，决定其是否可以采用，并对利用专家工作结果所形成的审计结论负责。这意味着利用专家工作形成的审计结论一旦得到审计机关认可，就可成为审计机关发表审计意见的依据。

14.3.6.4　专家网络

为节约环境审计工作中的专家选聘成本，切实发挥专家作用，可以由审计署组织覆盖全国的环境审计专家数据库建设，数据库可采取统一规划、分级管理的原则，按所在地域、专业特长、业务领域对专家进行分类，采取个人自荐和单位推荐等方式，由审计署及各地方审计机关对入选专家进行审核，数据库建成后在全国审计机关实行资源共享。初期的专家网络应覆盖省一级审计机关，待完善后再覆盖至地、市级审计机关。

各级审计机关应制定相关管理办法，对专家库成员的权责进行明确。同时应成立环境审计"专家顾问组"，由生态环境等领域的资深专家组成，专家顾问组可采取定期会议（每半年或每年一次）的方式，讨论环境审计的发展战略和潜在的重要环境审计主题，为所在的审计机关提供决策参考。

14.3.7　加快人才队伍建设

目前，审计人员的专业主要以会计、审计、财政、金融等财经专业为主，并且在专业技术要求上也是会计师、审计师为主；而环境审计是一门边缘性、综合性很强的专业审计类型，需要复合型的知识结构、较强的逻辑推理和综合分析能力。为更好地开展环境审计工作，需要不断加强环境审计的人才队伍建设。

14.3.7.1　业务培训和以审代训相结合

一是要积极组织开展环境审计业务培训，帮助审计人员不断更新和优化知识结构、提高专业素质，逐步建立起一支适应环境审计要求的专业队伍。包括：定期参加审计署或上级审计机关开展的环境审计业务培训；邀请国家（或省级）环保局和有关高校专家，开展环境审计业务研讨；集体学习环境保护和环境审计业务知识；编印《环境保护与环境审计学习资料》等。

二是对于环境审计业务开展比较少或者缺乏环境审计经验的审计机关，可以选派业务骨干参加上级审计机关或同级审计机关的环境审计项目。通过以审代训，系统掌握环境审计的项目组织形式、审计方案编制、现场审计以及审计报告编写等各项业务环节，经过实践锻炼后的审计人员可以担任拟开展环境审计项目的业务负责人（如审计组的主审）。同时，审计机关还可以选派业务骨干到环保局等主管部门或环境监测中心等基层单位挂职交流，学习和了解环境管理的业务知识。

14.3.7.2　内部培养和外部引进相结合

在内部培养方面，一是鼓励审计人员要注重哲学、逻辑学等方法论学科知识的学习。正确的思维和符合逻辑的判断对于正确的审计结论是十分重要的，环境审计人员通过系统掌握各种方法论知识，对于熟练运用各种审计方法，控制审计风险，提高审计质量，是非常必要的。二是鼓励审计人员加强环境科学、环境工程、环境经济学、环境法律法规等方面知识的学习。环境审计工作必然会涵盖上述各学科所涉及的领域，上述专业知识对于构建完整的环境审计知识体系来说是不可或缺的。三是鼓励审计人员注重管理科学与工程、统计学、计算机科学等方法类知识的学习。因为环境审计中的许多取证技术与评价方法往往是由相关学科与审计学科交叉而产生，没有其他学科的一般性方法作为基础，环境审计中的技术创新是无法完成的。

在外部引进方面，一是建立长期规划，逐步选拔一批优秀本科生或者是研究生充实环境审计队伍。新招聘的毕业生应偏重资源、环境相关专业，如环境工程、生态学、土地资源管理和矿业工程等。二是可以考虑从环保、国土资源等部门引进专业人才的方式加强环境审计人才队伍建设。引进的人才必须熟悉本专业领域的业务知识，对于拟引进的业务骨干，可以在职务、职称等方面适当倾斜。

14.3.7.3　合理配置环境审计人员

审计组是开展环境审计项目的基本业务单位，在环境审计中，审计组的组建应综合考虑审计人员的教育背景（如学历情况、进修情况等）、专业特长、业余爱好、职称、职务、工作经历、工作年限等。具体而言包括四个方面：

一是多元化的知识结构。在审计组中需要有两类人才：一类人才知识面广、视野开阔，看得宽、想得远，可谓之"望远镜"，这类人才的专业背景不限，可以是财经类也可以是环境类；另一类人才知识较专，技术精，看得深，想得细，可称之"显微镜"，这类人才要拥有环境专业背景。把这两部分人才有机地融为一体，形成一个合理的立体结构，可使得他们相得益彰。二是各司其职的能力结构。在审计工作中，不同的人有不同的能力，不同的能力有不同的效率。技术职称可作为分工的依据之一，审计组可由适当比例的高级、中级和初级职称审计人员组成，使审计组成员拥有工作需要的一般能力及特殊能力，从而避免大材小用或小材大用。三是彰显个性的性格结构。审计组必须考虑成员个性的相容性、互补性，合理的审计组性格结构，就应该是由多种类型的人构成的有机统一体。例如，审计组成员在内向型与外向型性格的组成上有相容性；审计组成员在勤奋、认真、公正、客观、坚强、果断等个性上有互补性等。四是老少和谐的年龄结构。如果审计组年龄同步老化，会精力不济，不利于审计工作效率的提高；如果审计组过于年轻化，经验太少，专业判断较差，审计工作难免会出现漏洞。正三角形年龄结构（即年长者最少，中年人次之，青年人最多）对开展环境审计工作是比较合理的。

参考文献

［1］蔡春，毕悦铭．关于自然资源资产离任审计的理论思考［J］．审计研究，2014（5）：3－9.

［2］蔡春，蔡利，朱荣．关于全面推进我国绩效审计创新发展的十大思考［J］．审计研究，2011（4）：32－38.

［3］蔡春，陈晓媛．环境审计论［M］．北京：中国时代经济出版社，2006.

［4］蔡春，陈孝．现代审计功能拓展研究的概念框架［J］．审计研究，2006（4）：34－39.

［5］蔡春，郑开放，王朋．政府环境审计对企业环境治理的影响研究［J］．审计研究，2021（4）：3－13.

［6］蔡春．审计理论结构研究［M］．大连：东北财经大学出版社，2001.

［7］蔡昉，都阳，王美艳．经济发展方式转变与节能减排内在动力［J］．经济研究，2008（6）：4－11，36.

［8］陈波．水资源国家治理现代化研究——以内蒙古河套灌区为例［J］．中国软科学，2022（3）：11－23.

［9］陈思维．环境审计［M］．北京：经济管理出版社，1998.

［10］陈希晖，张卓，邢祥娟．我国可持续能源审计的实施框架研究

[J]．华东经济管理，2012（6）：65－68．

[11] 陈征，刘馨宇．健全党和国家监督体系：审计监督与人大监督的衔接 [J]．中共中央党校（国家行政学院）学报，2020（6）：151－160．

[12] 陈正兴．环境审计 [M]．北京：中国时代经济出版社，2001．

[13] 程亮，陈鹏，刘双柳，等．中国环境保护投资进展和展望 [J]．中国环境管理，2021（5）：119－126．

[14] 程亭．环境审计技术方法的优化与开发 [J]．财会月刊，2015（3）：79－82．

[15] 崔孟修．试论绩效审计方法的特征及其应用 [J]．审计月刊，2011（5）：4－6．

[16] 代勇，孙晖．效益审计调查问卷方法的应用研究 [J]．审计研究，2007（2）：9－12．

[17] 范冬萍，何德贵．基于 CAS 理论的社会生态系统适应性治理进路分析 [J]．学术研究，2018（12）：6－11．

[18] 范冬萍，黄键．当代系统观念与系统科学方法论的发展 [J]．自然辩证法研究，2021（11）：9－14．

[19] 冯均科．目标导向审计理论体系刍议 [J]．西安交通大学学报（社会科学版），2002（3）：17－21，44．

[20] 冯均科．审计问责：理论研究与制度设计 [M]．北京：经济科学出版社，2009．

[21] 耿建新，房巧玲．环境审计研究视角的国际比较 [J]．审计研究，2004（2）：19－25．

[22] 耿建新，李志坚，吕晓敏，等．我国水资源审计的现状与未来探讨 [J]．审计研究，2018（1）：38－45．

[23] 耿建新，王晓琪．自然资源资产负债表下土地账户编制探索——基于领导干部离任审计的角度 [J]．审计研究，2014（5）：20－25．

[24] 顾正娣，华增凤．深化环境审计 推进江河湖泊综合治理 [J]．

学术论坛，2012（10）：111 – 115.

[25] 管亚梅，张桐. 基于雾霾治理视角的碳审计指标构建与检验 [J]. 经济与管理研究，2016（2）：48 – 54.

[26] 郭鹏飞. 中国资源环境审计的发展历程、理论表征与实践深化 [J]. 重庆社会科学，2021（3）：6 – 19.

[27] 郭旭. 领导干部自然资源资产离任审计研究综述 [J]. 审计研究，2017（2）：25 – 30.

[28] 何显明. 公共权力制约的路径选择及其价值预设 [J]. 浙江学刊，2005（2）：119 – 125.

[29] 贺桂珍，等. 荷兰的政府环境审计及其对中国的启示 [J]. 审计研究，2006（1）：30 – 34，29.

[30] 贺桂珍，等. 挣值管理在环境审计中的应用 [J]. 审计研究，2007（2）：3 – 8.

[31] 胡耘通，何佳楠. 基于 PSR 模型的大气环境绩效审计评价指标体系设计 [J]. 统计与决策，2019（15）：61 – 64.

[32] 胡耘通，何佳楠. 水环境审计评价指标体系构建研究 [J]. 干旱区资源与环境，2017（8）：13 – 18.

[33] 环境审计协调领导小组办公室. 环境审计案例 [M]. 北京：中国时代经济出版社，2008.

[34] 黄道国，邵云帆. 多元环境审计工作格局构建研究 [J]. 审计研究，2011（3）：31 – 35.

[35] 黄溶冰，陈耿. 节能减排项目的绩效审计——以垃圾焚烧发电厂为例 [J]. 会计研究，2013（2）：86 – 90.

[36] 黄溶冰，陈慧婷，倪静怡. 领导干部经济责任审计与自然资源资产离任审计的整合审计研究 [J]. 财会通讯，2022（3）：111 – 116.

[37] 黄溶冰，储芳. 第三方鉴证是否有助于抑制企业"漂绿" [J]. 中国注册会计师，2021（8）：38 – 42.

[38] 黄溶冰，单建宁，时现. 绿色经济视角下的党政领导干部经济

责任审计 [J]. 审计研究，2010，(4)：33 – 36.

[39] 黄溶冰，李玉辉，陈耿. 基于环境审计的节能减排规制模型 [J]. 运筹与管理，2014 (1)：249 – 255.

[40] 黄溶冰，李玉辉. 公共财政视角下的纳税人权利保护与审计监督 [J]. 税务研究，2009 (6)：72 – 74.

[41] 黄溶冰，王丽艳，齐兴利. 基于改进逻辑框架法的公共投资项目效益审计研究 [J]. 审计研究，2007 (2)：13 – 16.

[42] 黄溶冰，王丽艳. 环境审计在碳减排中的应用：案例与启示 [J]. 中央财经大学学报，2011 (8)：86 – 90.

[43] 黄溶冰，赵谦. 演化视角下的企业漂绿问题研究：基于中国漂绿榜的案例分析 [J]. 会计研究，2018 (4)：11 – 19.

[44] 黄溶冰，赵谦. 环境审计在太湖水污染治理中的实现机制与路径创新 [J]. 中国软科学，2010 (3)：66 – 73，151.

[45] 黄溶冰，赵谦. 我国环境保护财政资金的绩效评价（2006 ~ 2011 年）——基于审计结果公告的内容分析 [J]. 财政研究，2012 (5)：31 – 35.

[46] 黄溶冰，赵谦. 自然资源资产负债表编制与审计的探讨 [J]. 审计研究，2015 (1)：37 – 43，83.

[47] 黄溶冰. 问卷调查法在环境绩效审计中的应用 [J]. 财会学习，2013 (6)：37 – 39.

[48] 黄溶冰. 党政领导干部经济责任审计的层次变权评价模型——基于科学发展观的视角 [J]. 审计研究，2013a (5)：55 – 59.

[49] 黄溶冰. 环境审计制度选择影响因素的实证分析 [J]. 中国人口·资源与环境，2013b (10)：154 – 140.

[50] 黄溶冰. 基于 PSR 模型的自然资源资产离任审计研究 [J]. 会计研究，2016 (7)：89 – 95，97.

[51] 黄溶冰. 企业节能减排审计的 SOSR-A 模式分析 [J]. 中国内部审计，2012a (4)：40 – 43.

［52］黄溶冰．我国节能减排的环境审计理论结构分析［J］．中国行政管理，2012b（5）：30－33．

［53］黄溶冰．以审计监督守卫国家环境安全［J］．环境保护，2011（17）：34－36．

［54］李德清，崔红梅，李洪兴．基于层次变权的多因素决策［J］．系统工程学报，2004（3）：258－263．

［55］李璐，张龙平．WGEA的全球性环境审计调查结果：分析与借鉴［J］．审计研究，2012（1）：33－39．

［56］李明辉，刘笑霞．我国环境审计研究回顾与展望［J］．学海，2012（1）：55－62．

［57］李明辉，张艳，张娟．国外环境审计研究述评［J］．审计与经济研究，2011（4）：29－37．

［58］李若山．审计理论结构探讨［J］．审计研究，1995（3）：15－18．

［59］李雪，王恩山．环境审计的动因及其现状分析［J］．财会月刊，2005（7）：34－35．

［60］李雪，杨智慧．对环境审计定义的再认识［J］．审计研究，2004（2）：26－30．

［61］李永臣．环境审计的理论与实务研究［M］．北京：化学工业出版社，2010．

［62］李兆东，时现，嫣璐．基于能质流分析的生产型企业环境审计［J］．审计与经济研究，2010（1）：24－28．

［63］李兆东，薛佳睿．绿色金融的审计监督框架研究［J］．财会通讯，2022（7）：106－110．

［64］李兆东，嫣璐．水体污染物为导向的流域环境审计模式［J］．中国人口·资源与环境，2009（6）：170－174．

［65］李兆东．环境机会主义、问责需求和环境审计［J］．审计与经济研究，2015（2）：33－42．

[66] 李正，李增泉．企业社会责任报告鉴证意见是否具有信息含量——来自我国上市公司的经验证据 [J]．审计研究，2012（1）：78 - 86.

[67] 廖洪．审计理论分类与审计基础理论结构 [J]．审计与经济研究，2002（3）：3 - 6.

[68] 刘家义．论国家治理与国家审计 [J]．中国社会科学，2012（6）：60 - 72.

[69] 刘家义．国家治理现代化进程中的国家审计：制度保障与实践逻辑 [J]．中国社会科学，2015（9）：64 - 83.

[70] 刘家义．积极探索创新 努力健全完善中国特色社会主义审计理论体系 [J]．审计研究，2010（1）：3 - 8.

[71] 刘家义．树立科学审计理念 发挥审计监督"免疫系统"功能 [J]．求是，2009（10）：28 - 30.

[72] 刘力云．政府审计与政府责任机制 [J]．审计与经济研究，2005（4）：7 - 9，26.

[73] 刘明辉，孙冀萍．领导干部自然资源资产离任审计要素研究 [J]．审计与经济研究，2016（3）：12 - 20.

[74] 刘笑霞，李明辉．苏州嵌入领导干部经济责任审计的区域环境审计实践及其评价 [J]．审计研究，2014（6）：10 - 15.

[75] 卢相君，刘蒙，王兴旭．论风险导向模式在节能减排绩效审计中的应用 [J]．审计研究，2011（6）：40 - 44.

[76] 陆勇，李文美．以产权保护为导向的注册会计师审计理论研究 [J]．会计研究，2006（12）：83 - 87.

[77] 骆良彬，史金鑫．政府环境审计的国际经验及其启示 [J]．亚太经济，2019（6）：74 - 79.

[78] 马轶群，陈希晖．国家审计权威信任与公正感研究 [J]．中国行政管理，2012（6）：54 - 57.

[79] 毛洪涛，张正勇．我国环境审计目标研究：评估与展望 [J].

财会通讯，2009（33）：86－89.

[80] 潘琰，朱灵子．领导干部自然资源资产离任审计的大数据审计模式探析 [J]．审计研究，2019（6）：37－43，69.

[81] 戚安邦．挣值分析中项目完工成本预测方法的问题与出路 [J]．预测，2004（2）：56－60.

[82] 戚建刚，兰皓翔．我国环境治理工具选择的困境及其克服 [J]．理论探讨，2021（6）：154－160.

[83] 戚振东，吴清华．政府绩效审计：国际演进及启示 [J]．会计研究，2008（2）：76－85.

[84] 冉连．1949－2020 我国政府绿色治理政策文本分析：变迁逻辑与基本经验 [J]．深圳大学学报（人文社会科学版），2020（4）：46－55.

[85] 冉连．绿色治理：变迁逻辑、政策反思与展望——基于 1978－2016 年政策文本分析 [J]．北京理工大学学报（社会科学版），2017（6）：7－17.

[86] 冉冉．"压力型体制"下的政治激励与地方环境治理 [J]．经济社会体制比较，2013（3）：111－118.

[87] 任剑涛．财政监督与政府执行力——对《利马宣言》的扩展性解读 [J]．中国行政管理，2011（6）：37－41.

[88] 尚虎平．我国地方政府绩效评估悖论：高绩效下的政治安全隐患 [J]．管理世界，2008（4）：69－79.

[89] 时军．新常态经济背景下我国环境审计目标设置与实施研究 [J]．中国注册会计师，2015（12）：83－87.

[90] 史丹，李鹏．中国工业 70 年发展质量演进及其现状评价 [J]．中国工业经济，2019（9）：5－23.

[91] 史晋川，沈国冰．论制度变迁理论与制度变迁方式划分标准 [J]．经济学家，2002（1）：41－46.

[92] 苏明，刘军民，张洁．促进环境保护的公共财政政策研究 [J]．财政研究，2008（7）：20－33.

［93］孙伟增，罗党论，郑思齐，等．环保考核、地方官员晋升与环境治理——基于 2004 - 2009 年中国 86 个重点城市的经验证据［J］．清华大学学报（社会科学版），2014（6）：49 - 62，171．

［94］汤亚莉，邓丽．基于环境价值链的环境绩效审计方法［J］．科技进步与对策，2006（11）：99 - 101．

［95］王爱国，张志．环境审计服务生态文明建设的理论探讨［J］．审计研究，2019（2）：43 - 47．

［96］王常松．中国特色社会主义审计理论若干问题的思考［J］．审计研究，2010（3）：5 - 8．

［97］王丹，李玉萍．基于全球价值链和利益相关者理论的跨国公司环境绩效审计评价指标体系的构建［J］．科技管理研究，2015（5）：79 - 83．

［98］王淡浓．加强政府资源环境审计，促进转变经济发展方式［J］．审计研究，2011（5）：18 - 23．

［99］王汉民．论我国审计理论体系的重新构建［J］．财贸研究，1993（6）：55 - 58．

［100］王鸿儒，陈思丞，孟天广．高管公职经历、中央环保督察与企业环境绩效——基于 A 省企业层级数据的实证分析［J］．公共管理学报，2021（1）：114 - 125，173．

［101］王会金，黄溶冰，戚振东．国家治理框架下的中国国家审计理论体系构建研究［J］．会计研究，2012（7）：89 - 95．

［102］王会金，王素梅．建立健全政府审计问责机制研究［J］．财经科学，2009（1）：119 - 124．

［103］王会金．现代审计理论体系框架结构之研究［J］．审计与经济研究，2002（5）：41 - 44．

［104］王惠娜．区域环境治理中的新政策工具［J］．学术研究，2012（1）：55 - 58，65．

［105］王立彦，杨松．环境事项影响财务信息的审计问题——解读国

际性标准和审计意见［J］．审计研究，2003（5）：16－21．

［106］王士红，孔繁斌．美国气候公共政策审计的范式演变及其启示［J］．江海学刊，2015（6）：222－226．

［107］王真真，黄溶冰．挣值分析法在节能减排经济性审计中的应用［J］．财会通讯，2014（31）：106－107．

［108］王振铎，张心灵．领导干部草原资源资产离任审计内容研究——基于内蒙古自治区审计实践［J］．审计研究，2017（2）：31－39．

［109］吴联生．审计理论体系结构：一种新观点［J］．中国注册会计师，2000（12）：15－17．

［110］吴勋，郭娟娟．国外政府环境审计发展现状与启示——基于WGEA 全球性环境审计调查［J］．审计研究，2019（1）：31－40．

［111］谢志华，陶玉侠，杜海霞．关于审计机关环境审计定位的思考［J］．审计研究，2016（1）：11－16．

［112］辛金国，杜巨玲．试论费用效益分析法在环境审计中的运用［J］．审计研究，2000（5）：48－53．

［113］辛金国，邢小玲．试论环境报告的审计［J］．审计与经济研究，2002（4）：16－19．

［114］徐薇，陈鑫．生态文明建设战略背景下的政府环境审计发展路径研究［J］．审计研究，2018（6）：3－9．

［115］徐政旦．审计研究前沿［M］．上海：上海财经大学出版社，2002．

［116］严飞．关于水环境效益审计若干问题的探讨［J］．审计研究，2007（5）：20－23．

［117］阎金锷，林炳发．审计理论研究的新起点：审计理论结构探讨［J］．审计研究，1996（3）：18－22．

［118］阎金锷．构建审计理论框架初探［J］．审计研究，1995（3）：12－14．

［119］晏维龙，庄尚文．试论研究型审计的国家治理效能［J］．审计

研究，2022（1）：13 – 19.

[120] 杨光斌，郑伟铭. 国家形态与国家治理：苏联 – 俄罗斯转型经验研究 [J]. 中国社会科学，2007（4）：31 – 44.

[121] 杨肃昌，芦海燕，周一虹. 区域性环境审计研究：文献综述与建议 [J]. 审计研究，2013（2）：34 – 39.

[122] 杨肃昌，马亚红，芦海燕. 公共价值视角下的环境审计作用机制与实现路径研究 [J]. 兰州大学学报（社会科学版），2019（6）：119 – 126.

[123] 杨肃昌. 对构建国家审计理论体系的思考 [J]. 审计与经济研究，2012（3）：11 – 19.

[124] 尹平，戚振东. 国家治理视角下的中国政府审计特征研究 [J]. 审计与经济研究，2010（3）：9 – 14.

[125] 余泳泽，尹立平. 中国式环境规制政策演进及其经济效应：综述与展望 [J]. 改革，2022（3）：114 – 130.

[126] 俞海滨. 改革开放以来我国环境治理历程与展望 [J]. 毛泽东邓小平理论研究，2010（12）：25 – 28.

[127] 袁广达，余正道. 生态补偿政策落实跟踪审计评价方法研究 [J]. 财会通讯，2022（7）：8 – 12.

[128] 袁广达，袁玮. 注册会计师环境审计鉴证主体地位的理性分析 [J]. 经济与管理研究，2012（11）：110 – 114.

[129] 张宏亮，刘长翠，曹丽娟. 地方领导人自然资源资产离任审计探讨——框架构建及案例运用 [J]. 审计研究，2015（2）：14 – 20.

[130] 张琦，谭志东. 领导干部自然资源资产离任审计的环境治理效应 [J]. 审计研究，2019（1）：16 – 23.

[131] 张绍鸿，曾凡银，尤建新. 建立健全节能减排法律法规体系 [J]. 科技与法律，2010（4）：19 – 24.

[132] 张兆国，赵颖川，桂志斌. 论审计理论体系的构造 [J]. 审计研究，1999（5）：6 – 9.

［133］赵彩虹，韩丽荣．区域性环境审计合作问题研究［J］．审计研究，2019（1）：24 - 30．

［134］赵劲松．关于我国政府审计质量特征的一个分析框架［J］．审计研究，2005（4）：65 - 68．

［135］赵息，张世鹏，卢荻．基于结构方程模型的国家审计风险影响因素研究［J］．中央财经大学学报，2016（7）：71 - 80．

［136］浙江审计学会课题组．太湖流域水污染综合治理环境审计实证研究［J］．审计研究，2004（1）：57 - 62．

［137］郑石明，方雨婷．环境治理的多元途径：理论演进与未来展望［J］．甘肃行政学院学报，2018（1）：47 - 70．

［138］中国审计体系研究课题组．中国审计体系研究［M］．北京：中国时代经济出版社，1999．

［139］周黎安．中国地方官员的晋升锦标赛模式研究［J］．经济研究，2007（7）：36 - 50．

［140］周友梅．论审计理论及其结构［J］．当代财经，2007（2）：107 - 110．

［141］周志超．国内外引文内容分析研究进展［J］．情报杂志，2021（12）：177 - 185．

［142］周卓儒，王谦，李锦江．基于标杆管理的 DEA 算法对公共部门的绩效评价［J］．中国管理科学，2003（3）：72 - 75．

［143］Afonso, A., Schuknecht, L., Tanzi, V. Public Sector Efficiency: An International Comparison［J］. *Public Choice*, 2005（123）：321 - 347．

［144］Bae, S., Seol, I. An Exploratory Empirical Investigation of Environmental Audit Programs in S & P 500 Companies［J］. *Management Research News*, 2006（29）：573 - 579．

［145］Ball, A., Owen, D. L., Gray, R. External Transparency or Internal Capture? the Role of Third-party Statements in Adding Value to Corporate Environmental Reports［J］. *Business Strategy and the Environment*, 2000（9）：

1 –23.

[146] Barzelay, M. Central Audit Institutions and Performance Auditing: A Comparative Analysis of Organizational Strategies in the OECD [J]. *Governance – An International Journal of Policy, Administration, and Institutions*, 1997 (10): 235 –260.

[147] Black, R. A. New Leaf in Environmental Auditing [J]. *Internal Auditor*, 1998 (55): 24 –27.

[148] Blumenfeld, K. Dilemmas of Disclosure: Ethical Issues in Environmental Auditing [J]. *Business & Professional Ethics Journal*, 1989 (8): 5 – 27.

[149] Boivin, B. , Gosselin, L. Going for a Green Audit [J]. *CA Magazine*, 1991 (124): 61 –63.

[150] Borsatto, J. M. L. S. , Bazani, C. L. Green Innovation and Environmental Regulations: A Systematic Review of International Academic Works [J]. *Environmental Science and Pollution Research*, 2020, 28 (45): 63751 – 63768.

[151] Breton, A. *Competitive Governments: An Economic Theory of Politics and Public Finance* [M]. Cambridge: Cambridge University Press, 1996.

[152] Campbell, S. N. , Byington, J. R. Environmental Auditing: An Environmental Management Tool [J]. *Internal Auditing*, 1995 (11): 9 –18.

[153] Cao, H. J. , Zhang, L. , Qi, Y. , et al. Government Auditing and Environmental Governance: Evidence from China's Auditing System Reform [J]. *Environmental Impact Assessment Review*, 2022 (93): 106705.

[154] Carrol, A. B. A Three-Dimensional Conceptual Model of Corporate Social Performance [J]. *Academy of Management Review*, 1979 (4): 497 – 505.

[155] Casey, R. J. , Grenier, J. H. Understanding and Contributing to the Enigma of Corporate Social Responsibility (CSR) Assurance in the United

States [J]. *Auditing: A Journal of Practice & Theory*, 2015, 34 (1): 97 – 130.

[156] Chen, Y. J., Li, P., Lu, Y. Career Concerns and Multitasking Local Bureaucrats: Evidence of Target-based Performance Evaluation System in China [J]. *Journal of Development Economics*, 2018, 133 (7): 84 – 101.

[157] Chiang, C., Lightbody, M. Financial Auditors and Environmental Auditing in New Zealand [J]. *Managerial Auditing Journal*, 2004 (19): 224 – 234.

[158] Chiang, C. Insights into Current Practices in Auditing Environmental Matters [J]. *Manageral Auditing Journal*, 2010 (25): 912 – 933.

[159] Coffey, B. Overlapping Forms of Knowledge in Environmental Governance: Comparing Environmental Policy Workers' Perceptions [J]. *Journal of Comparative Policy Analysis*, 2015, 17 (3): 215 – 228.

[160] Collison, D., Slomp, S. Environmental Accounting, Auditing and Reporting in Europe: The Role of FEE [J]. *The European Accounting Review*, 2000 (9): 111 – 129.

[161] Cordingley, K. Integrating the Logical Framework into the Management of Technical Co-operation Projects [J]. *Project Appraisal*, 1995 (10): 103 – 112.

[162] Darnall, N., Seol, I., Sarkis, J. Perceived Stakeholder Influences and Organizations' Use of Environmental Audits [J]. *Accounting, Organizations and Society*, 2009 (34): 170 – 187.

[163] Diamantis, D. The Importance of Environmental Auditing and Environmental Indicators in Islands [J]. *Eco-Management and Audting*, 1999 (6): 18 – 25.

[164] Dixon, R., Mousa, G. A., Woodhead, A. D. The Necessary Characteristics of Enviromental Auditors: A Review of the Contribution of the Financial Auditing Profession [J]. *Accounting Forum*, 2004 (28): 119 – 138.

［165］ Elliott, D. , Patton, D. Environmental Audit Response: The Case of the Engineering Sector ［J］. *Greener Management International*, 1998 （22）: 83 – 96.

［166］ Esty, D. C. , Winston, A. S. *Green to Gold: How Smart Companies Use Environmental Strategy to Innovate, Create Value, and Build Competitive Advantage* ［M］. New Haven: Yale University Press, 2006.

［167］ Fico, F. G. , Lacy, S. , Riffe, D. A Content Analysis Guide for Media Economics Scholars ［J］. *Journal of Media Economics*, 2008 （21）: 114 – 130.

［168］ GAO. Clean Water: How States Allocate Revolving Loan Funds and Measure Their Benefits ［R］. GAO – 06 – 579, 2006b.

［169］ GAO. Dringking Water: Experts' Views on How Federal Funding Can Best Be Spent to Improve Security ［R］. GAO – 04 – 1098T, 2006a.

［170］ GAO. Enviromental Auditing: A Useful Tool that Can Improve Environmental Performance and Reduce Costs ［R］. GAO/RCED – 95 – 37, 1995.

［171］ GAO. Environmental Protection: EPA – State Enforcement Partnership Improved, But EPA's Oversight Needs Further Enhancement ［R］. GAO – 07 – 883, 2007.

［172］ GAO. Evolution of Environmental Auditing: The Experience of the U. S. Government Accountability Office, in INCOSAI Theme: Environment and Sustainable Development. Draft Country Paper ［R］. 2010.

［173］ GAO. Significant Changes Underway in DOD'S Earned Value Management Process ［R］. GAO/NSI – AD 97 – 108, 1997.

［174］ GAO. Water Pollution: EPA Has Improved Its Review of Effluent Guidelines but Could Benefit from More Information on Treatment Technologies ［R］. GAO – 12 – 845, 2012.

［175］ Goldsmith, W. R. *The National Wealth of United States in the Postwar Period* ［M］. Princeton, New Jersey: Princeton University Press, 1962.

［176］ Grossman, G. M. , Krueger, A. B. Economic Growth and Environment ［J］. *Quarterly Journal of Economics*, 1995 (110): 353 – 377.

［177］ Guttman, D. , Young, O. , Jing, Y. J. , and et al. Environmental Governance in China: Interactions Between The State and "Nonstate Actors" ［J］. *Journal of Environmental Management*, 2018 (220): 126 – 135.

［178］ Harwood, T. G. , Garry, T. An Overview of Content Analysis ［J］. *The Marketing Review*, 2003 (3): 479 – 498.

［179］ He, G. Z. , Zhang, L. , Lu, Y. L. Environmental Impact Assessment and Environmental Audit in Large-Scale Public Infrastructure Construction: The Case of the Qinghai-Tibet Railway ［J］. *Environmental Management*, 2009, 44 (3): 579 – 589.

［180］ Heinrich, C. J. Improving Public Sector Performance Management: One Step Forward, Two Steps Back? ［J］. *Public Finance and Management*, 2004 (4): 317 – 351.

［181］ Hillary, R. Environmental Auditing: Concepts, Methods and Developments ［J］. *International Journal of Auditing*, 1998 (2): 71 – 85.

［182］ Holland, J. H. Studying Complex Adaptive Systems ［J］. *Journal of Systems Science and Complexity*, 2006 (19): 1 – 8.

［183］ House, E. R. *Evaluating with Validity* ［M］. Beverly Hills: Sage, 1980.

［184］ Huang, R. B. , Li, Y. H. Undesirable Input-Output Two-phase DEA Model in an Environmental Performance Audit ［J］. *Mathematical and Computer Modelling*, 2013 (58): 971 – 979.

［185］ Ilinitch, A. Y. , Schaltegger, S. C. Developing a Green Business Portfolio ［J］. *Long Range Planning*, 1995 (28): 29 – 38.

［186］ Innes, R. Violator Avoidance Activities and Self-Reporting in Optimal Law Enforcement ［J］. *Journal of Law, Economics and Organization*, 2001 (17): 239 – 256.

［187］ INTOSAI-WGEA. Evolution and Trends in Environmental Auditing ［R］. 2007.

［188］ INTOSAI-WGEA. The Sixth Survey on Environmental Auditing ［R］. 2010.

［189］ Johnson, H. H. Corporate Social Audits—This Time Around ［J］. *Business Horizon*, 2001 （44）: 29 - 36.

［190］ Kass, S. L. , McCarroll, J. M. Environmental Audits: How They Can Help and Hurt the Corporation ［J］. *Directorship*, 1995 （21）: 12 - 14.

［191］ Kenyon, D. A. , Kincaid, J. *Competition among States and Local Governments: Efficiency and Equity in American Federalism* ［M］. Washinton DC: The Urban Institute Press, 1991.

［192］ Kolk, A. , Perego, P. Determinants of the Adoption of Sustainability Assurance Statements: An International Investigation ［J］. *Business Strategy and the Environment*, 2010 （19）: 82 - 198.

［193］ Kvalseth, T. O. A Coefficient of Agreement for Nominal Scales: An Asymmetric Version of Kappa ［J］. *Educational and Psychological Measurement*, 1991 （51）: 95 - 101.

［194］ Lang, J. C. Legislative, Regulatory and Juridical Dilemmas in Environmental Auditing ［J］. *Eco-Management and Auditing*, 1999 （6）: 101 - 114.

［195］ Lee, D. P. Social and Environmental Accountability Research: A View from the Commentary Box ［J］. *Accounting, Auditing & Accountability Journal*, 2005 （18）: 842 - 860.

［196］ Lewis, L. Environmental Audits in Local Government: A Useful Means to Progress in Sustainable Development ［J］. *Accounting Forum*, 2000 （24）: 296 - 318.

［197］ Lightbody, M. Environmental Auditing: The Audit Theory Gap ［J］. *Accounting Forum*, 2000 （24）: 151 - 169.

[198] Lima, L. H. , Magrini, A. The Brazilian Audit Tribunal's Role in Improving the Federal Environmental Licensing Process [J]. *Environmental Impact Assessment Review*, 2010, 30 (2): 108 – 115.

[199] Lu, H. Y. , Wei, Y. Q. , Yang, S. C. , et al. Regional Spatial Patterns and Influencing Factors of Environmental Auditing for Sustainable Development: Summaries and Illuminations from International Experiences [J]. *Environment Development and Sustainability*, 2020, 22 (4): 3577 – 3579.

[200] Maltby, J. Environmental Audit: Theory and Practices [J]. *Managerial Auditing Journal*, 1995 (10): 15 – 26.

[201] Mishra, B. K. , Newman, D. P. , Stinson, C. H. Environmental Regulations and Incentives for Compliance Audits [J]. *Journal of Accounting and Public Policy*, 1997 (16): 187 – 214.

[202] Moor, P. De. , Beelde, I. De. Environmental Auditing and the Role of the Accountancy Profession: A Literature Review [J]. *Environmental Management*, 2005 (36): 205 – 219.

[203] Natu, A. V. Environmental Audit: A Tool for Waste Minimization for Small and Medium Scale Dyestuff Industries [J]. *Chemical Business*, 1999 (19): 133 – 138.

[204] NCA (Netherlands Court of Audit) . European CO_2 Emissions Trading System and Its Implementation in the Netherlands Impact Assessment [R]. KST134087A, 2009.

[205] Power, M. Expertise and the Construction of Relevance: Accountants and Environmental Audit [J]. *Accounting, Organization and Society*, 1997 (22): 123 – 146.

[206] Sinclair – Desgagné, B. , Gabel, H. L. Environmental Auditing in Management Systems and Public Policy [J]. *Journal of Environmental Economics and Management*, 1997 (33): 331 – 346.

[207] Stafford, S. L. State Adoption of Environmental Audit Initiatives

[J]. *Contemporary Economic Policy*, 2006 (24): 172 –187.

[208] Stanwick, P. A, Stanwick S D. Cut Your Risk with Environmental Auditing [J]. *Journal of Corporate Accounting and Finance*, 2001 (12): 11 – 14.

[209] Sullivan, R. The Management of Greenhouse Gas Emissions in Large European Companies [J]. *Corporate Social Responsibility and Environmental Management*, 2009 (16): 301 –309.

[210] Thompson, D. , Wilson, M. J. Environmental Auditing: Theory and Applications [J]. *Environmental Management*, 1994 (18): 605 –615.

[211] Tiebout, C. M. A Pure Theory of Local Expenditures [J]. *Journal of Political Economy*, 1956 (64): 416 –424.

[212] Tozer, L. , Mathews, M. Environmental Auditing: Current Practice in New Zealand [J]. *Social and Environmental Accountability Journal*, 1994 (14): 5 –8.

[213] Tucker, R. R. , Kasper, J. Pressures for Change in Environmental Auditing and the Role of Internal Auditor [J]. *Journal of Managerial Issues*, 1998 (10): 340 –354.

[214] Van Leeuwen, S. Developments in Environmental Auditing by Supreme Audit Institutions [J]. *Environmental Management*, 2004, 33 (2): 163 –172.

[215] Wang, J. , Lei, P. The Tournament of Chinese Environmental Protection: Strong or Weak Competition [J]. *Ecological Economics*, 2021 (181): 106888.

[216] Warfield, J. N. *Societal Systems: Planning, Policy and Complexity* [M]. New York: Wiley, 1976.

[217] World Bank. Five Years after Rio: Innovations in Environmental Policy [R]. Environmentally Sustainable Development Studies and Monographs Series, No. 18, Washington, DC, 1998.

[218] Wu, X. T. , Cao, Q. , Tan, X. P . , et al. The Effect of Audit of Outgoing Leading Officials' Natural Resource Accountability on Environmental Governance: Evidence from China [J]. *Managerial Auditing Journal*, 2020, 35 (9): 1213 –1241.

[219] Young, O. R. , Guttman, D. , Qi, Y. , et al. Institutionalized Governance Processes Comparing Environmental Problem Solving in China and The United States [J]. *Global Environmental Change-Human and Policy Dimensions*, 2015 (31): 163 – 173.